Human Relations & Manner

인간관계와
매너의
첫걸음

Human Relations & Manner

인간관계와 매너의 첫걸음

최배영 · 한기정 · 최진영 공저

이담 Books

서 문

21세기는 변화하지 않으면 생존할 수 없다. 그 변화와 생존의 중요한 키워드는 바로 소통(communication)이다. 현대문명이 낳은 개인주의와 이기주의의 경계에서 살아가고 있는 우리는 타인과 더불어 사는 것에 있어 세련되지 못하다. 그 이유는 소통이 단절되어 어울려 살아가는 방법에 낯설기 때문이다. '세련되다'의 사전적 의미를 살펴보면 서투르거나 어색함이 없이 능숙하게 잘 다듬어져 있는 것을 뜻한다. 이는 노력을 통한 자연스러움의 정점을 달리 표현해 주는 것이라 해도 과언이 아니다.

사회 곳곳에 세계화(globalization)가 이루어지면서 다양한 소통의 관계 속에 서로 다른 문화와 관습을 이해하여 유연하게 대처할 수 있는 능력이 요구되고 있다. 이때 그 어떤 관계에서도 필요한 두 글자는 매너(manner)라고 할 수 있다.

그동안 사회에서 인식되어 온 에티켓(etiquette)이 인간관계에 있어 원칙이 강조된 객관적 잣대라면, 매너는 우리 인격의 깊이에 따라 일상의 인간관계에 적용 가능한 보다 구체적이고 주관적인 방식을 말한다. 다시 말해 에티켓이 정해져 있는 프레임(frame)에 맞추는 규범이라면, 매너는 그 프레임을 기준으로 우리 삶 속의 인간관계를 영위하는 데 유연하게 대처하고 적용하는 방식이라고 할 수 있다. 매너를 불어로 풀이하면 '삶을 살 줄 아는 방식'으로 해석된다. 이 해석에 조금 더 살을 붙여 본다면 '삶을 보다 더 인간답게 살 줄 아는 방식'이라고 하겠다. 머리로만 이해하는 이론에 능한 겉치레 매너가 아닌 인간과 인간이 소통하는 그 바탕에 상호 마음으로 이해하고 성의를 다하는 배려의 어울림이 있는 매너가 중요하다.

저자들은 사회와 학교 현장에서 '인간관계와 매너'를 강의해 온 경험을 토대로 보다 많은 이들에게 인간관계를 배려로 이끄는 매너가 의미하는 바를 전하고 싶어 이 책을 쓰게 되었다. 이러한 동기하에 PART Ⅰ에서는 인간관계에 있어 매너의 중요성을 언급하고 인간관계 매너를 실천하는 데 필요한 이미지 메이킹의 개념과 구성요소에 대해 하나하나 짚어 보았다. 우리는 이미지 메이킹이라고 하면 표정이나 복장과 같은 외면적인 요소들만을 생각하기 쉽지만 그를 위해서는 내면적 요소가 선행한다는 점을 인식해야 한다. PART Ⅱ에서는 인간관계와 관련된 다양한 매너문화를 직장, 사교, 여가의 영역별로 구분해 살펴보았다. 각 영역에서 인간관계를 영위하며 맞닥뜨리게 되는 매너의 문화적 요소를 이해하여 상황별로 바르게 대처하고 적용할 수 있는 방식을 제시하고자 한다.

인간관계의 어울림이 삶의 중요한 측면으로 비춰지는 현시점에서 매너라는 귀한 자원을 잘 습득하고 관리하여 사람들과 더불어 보다 행복한 삶을 영위하고자 하는 이들에게 이 책이 도움이 되기를 바란다.

책을 낸다는 것은 마음 한편에 아쉬움과 부담감이라는 더 큰 숙제를 안게 되지만 이 점은 지속적으로 수정, 보완해 나갈 것을 약속드리며 책 발간에 격려와 도움을 주신 모든 분들에게 진심을 담아 감사의 말씀을 올린다.

2011년 봄에
저자 일동

목 차

PART Ⅰ

인간관계의 매너와 이미지 메이킹

1. 인간관계와 매너

1) 인간관계의 개념

　인간은 태어나면서부터 관계라는 틀이 생성되며, 인간의 삶은 인간관계 속에서 펼쳐진다. 삶 속에서 우리가 해결해야 할 중요한 과제는 함께 살아가야 할 여러 영역의 사람들과 불필요한 갈등 없이 친밀하고 협동적인 인간관계를 형성함으로써 우리의 삶을 풍요롭고 행복하게 만들어 나가는 일이다. 이로 보면 삶의 문제는 인간관계의 문제로 귀착될 수 있다. 그러나 인간관계, 즉 사람과 사람 사이는 미로와 같이 매우 복잡하고 오묘하다. 많은 사람들이 이러한 관계 속에서 헤매며 인간관계 문제로 고민하고 괴로워한다. 인간의 심리적 갈등과 고통의 대부분은 이러한 관계 문제에서 파생되는 것이다. 사람과의 사이에는 필연적으로 갈등과 다툼이 존재하고 따라서 미움과 증오가 생겨난다. 인간관계에서 사랑과 애정의 욕구가 좌절되면 불안과 절망을 경험하게 된다. 다른 사람들로부터 버림받고 따돌림을 당하는 것처럼 괴로운 일은 없다. 그래서 우리는 고독과 소외를 두려워한다.

　한편 인간관계는 만족과 행복의 원천이기도 하다. 다른 사람과 서로 신뢰하고 사랑과 애정을 주고받을 때 우리는 행복감과 안정감을 느낀다. 부모로부터, 상사로부터, 친구나 동료로부터, 이성으로부터 사랑과 인정을 받을 때 자신이 가치 있는 존재로 느껴지고 인생이 살 만한 것으로 느껴져 뿌듯한 행복감에 젖어 들게 된다. 사랑, 우정, 동료애, 가족애와 같이 우리를 기쁘고 즐겁게 하는 것은 인간관계에서 경험할 수 있는 것들이다.

인간관계는 사람 간의 상호작용이므로 성숙한 인간관계를 위해서는 그 대상이 되는 타인 나아가 인간 일반에 대한 깊은 이해가 필요하다. 타인은 어떤 욕구를 지니고 있으며, 어떤 생각을 하고, 어떻게 반응하며, 나의 말과 행동이 상대에게 어떤 영향과 변화를 주는지 등에 대한 이해가 깊을수록 인간관계는 더 효율적이고 원활하게 된다. 또한 인간관계에서는 인간 개개인의 특성 그 이상의 독특한 현상이 일어난다. 서로 다른 개성을 지닌 사람들이 만나 상호 작용을 하며 이루어지는 인간관계는 복잡한 과정으로 구성되어 있어 이러한 과정에 대한 이해 역시 매우 중요하다.

'나'와 '너' 그리고 '우리'에 대한 폭넓은 이해가 성숙한 인간관계의 필수조건이다. 이해는 실천을 위한 밑거름이다. 인간관계에 대한 이해가 깊어지고 인간관계의 개선을 위한 실천적 노력이 이루어질 때, 우리의 인간관계는 바람직한 방향으로 변화할 수 있다. 친밀하고 깊이 있는 인간관계는 저절로 이루어지는 것이 아니다. 긍정적인 인간관계는 인간관계에 대한 깊은 관심과 더불어 실제적인 노력 그리고 훈련을 통해서 이루어지는 소중한 열매인 것이다.

대표적으로 직장은 나이, 성별, 성격, 사고방식이 다른 사람들이 모인 집합체로 원활한 업무수행을 위해 복잡한 인간관계를 슬기롭게 풀어가야 하는 곳이다. 이에 요구되는 인간관계의 기본적 개념요소를 집약해 보면 다음과 같다.

첫째, 다양한 사람들과의 관계를 통해 자신의 경험을 넓히고 새로운 가치관을 찾을 수 있는 좋은 기회로 여기는 '긍정적인 사고'가 바람직하다. 삶의 행복을 결정하는 요인으로 긍정적인 사회적 관계는 매우 중요하다.

둘째, 인간관계에서 사람의 마음을 움직이는 데는 '성실'이 제일이다. 계획, 실천, 점검은 일의 기본이다. 일을 계획하여 처리함에 있어 경중을 고려하고, 과정과 결과를 늘 점검하여 실수가 없도록 해야 한다.

셋째, '매너' 있는 침착한 언행은 상대에게 신뢰감을 심어 준다. 밝고 생동감 넘치는 표정과 청결하고 단정한 복장은 직장 내 분위기와 인간관계를 밝게 만드는 매너의 요소이다. 올바른 호칭과 경어, 매너 있는 행동 역시 항상 노력해야 하는 측면이다.

넷째, 상급자와 선배는 회사에서 부하직원들을 이끌어 주는 지도자이며, 사회경험에서나 업무에 있어서 한발 앞서 나가는 분들이므로 존경하는 마음으로 '배우려는 자세'가 필요하다.

다섯째, '겸손'하면 주위에 사람들이 자연히 모인다. 동료나 부하직원들의 의견도 경청하는 자세로 귀 기울여 듣고 깊이 생각하여 상호 발전할 수 있는 방향을 모색해 나가야 한다.

여섯째, '민첩함'은 건강의 상징이다. 아침 출근을 남보다 일찍 하여 하루의 업무 및 작업 내용을 준비하는 자세를 생활화하도록 한다.

	문 항	전혀 그렇지 않다	그렇지 않다	보통 이다	그렇다	매우 그렇다
	Check Manner – 나의 대인관계는 몇 점일까?					
1	기분이 나쁘거나 신경이 날카로울 때 나는 상대에게 나의 불편한 상황을 말하고 양해를 구하는 편이다.	1	2	3	4	5
2	나는 다른 사람들 간의 갈등을 잘 중재하는 편이다.	1	2	3	4	5
3	나는 상대와 이야기할 때 어떤 상황에서도 내 감정을 평온한 상태로 유지하려고 노력한다.	1	2	3	4	5
4	나는 상대에게 어려움이 있을 때 그를 도와주고 싶은 마음이 들 때가 많다.	1	2	3	4	5
5	나는 상대에게 문제가 있어도 그의 감정을 상하게 하는 말을 자제하려고 노력한다.	1	2	3	4	5
6	나는 상대의 이야기를 비교적 잘 들어 준다.	1	2	3	4	5
7	나는 상대의 정확한 감정 상태를 파악하기 위해 그의 입장에서 이야기를 듣고 이해하는 것이 필요하다고 생각한다.	1	2	3	4	5
8	나는 상대가 말할 때 그의 감정 상태를 잘 읽는 편이다.	1	2	3	4	5
9	나는 적절하게 갈등에 대처하는 방법을 알고 있다.	1	2	3	4	5
10	나는 상대와 가치관이 완전히 다를 때 그 차이를 인정하고 받아들인다.	1	2	3	4	5
11	나는 상대와 갈등 상황에 놓였을 때 양쪽 모두가 만족할 수 있는 해결책을 찾으려고 노력한다.	1	2	3	4	5
12	나는 상대에게 내 생각과 감정을 솔직하게 표현하는 편이다.	1	2	3	4	5
13	나는 상대에게 은혜를 입었을 때 반드시 감사 표시를 한다.	1	2	3	4	5
14	나는 상대가 감정적으로 불안한 상황일 때 그에게 비판, 충고, 지시, 조언 등을 하는 것이 별로 도움이 되지 않는다고 생각한다.	1	2	3	4	5
15	상대가 고민이 있거나 심리적으로 불안하거나 감정이 상해 있을 때 나는 그의 감정 상태를 빠르게 감지하는 편이다.	1	2	3	4	5
16	나는 상대가 나를 불편하게 만드는 행동을 했을 때 "너 때문이야"라고 인식하지 않도록 주의해서 말한다.	1	2	3	4	5
17	상대가 나를 불편하게 만드는 행동을 했을 때 나는 꼭 이야기를 해야 직성이 풀린다.	1	2	3	4	5
18	상대가 내 감정을 상하는 말이나 행동을 했을 때 되도록 그의 감정을 해치지 않고 내 입장을 전달하려고 노력한다.	1	2	3	4	5
19	나는 상대가 내게 말하는 문제들을 해결해 주려고 최대한 노력한다.	1	2	3	4	5
20	나는 상대가 어떤 문제를 가지고 있을 때 그가 스스로 자신의 문제를 해결할 수 있다고 믿는다.	1	2	3	4	5

김재득(2009)

◎ **부단히 접촉하라**

인간관계에 있어서 서로의 관계가 얼마만큼 가깝고 깊은가는 얼마만큼 자주 접촉하였느냐와 직결되는 만큼 '만남의 횟수'는 매우 중요하다.

◎ **상대를 기억하라**

사람을 기억한다는 것은 인간관계의 기본 요건이다. 업무를 통해 알게 되었든 우연한 기회에 알게 되었든 인간관계의 폭을 넓히려면 우선 사람을 기억할 줄 알아야 한다.

◎ **상대를 존중하라**

항상 상대의 입장을 이해해 주고 존중을 실천한다. 실수는 감싸 주고 잘못을 위로하고 장점을 인정해 주고 칭찬한다면 상대도 호감을 갖고 만남을 즐거워할 것이다.

◎ **동류의식을 느끼게 하라**

사람들은 공통된 생각과 연관을 가지고 집단을 형성하며 동일 집단 내의 사람들끼리는 서로 융합하기가 쉬워 인간관계의 형성이 용이하다. 상대와 함께 행동하는 노력을 주저해서는 안 된다.

◎ **성실히 대하라**

항상 변함없는 진실한 마음으로 상대를 대하며 부탁받은 일은 최선을 다해 노력하고 아무리 사소한 것이라도 약속을 반드시 지키는 인간적인 성실성을 보일 때 상대는 신뢰감을 갖게 되며 그 관계는 더욱 깊어지게 된다.

◎ **험담을 하지 마라**

오늘의 적이 내일의 친구가 될 수 있고 오늘의 친구가 내일의 적이 될 수도 있다. 인간관계를 지속시키려면 남의 험담을 하지 않아야 한다.

◎ **작은 손해를 감수하라**

Give하면 언젠가는 그에 알맞은 Take가 있는 게 인간관계의 섭리이다. 그럼에도 불구하고 사람들은 베풀기에 매우 인색하다. 어느 정도의 손해는 큰마음으로 너그러이 받아들이며 사는 게 좋다. 그 손해는 단순한 손해가 아니라 좋은 인간관계를 유지하기 위한 훌륭한 투자일 것이다.

◎ **돈에 대하여 깨끗해라**

"사람을 얻고 싶거든 돈을 얻으려 하지 마라"는 이야기가 있듯이 돈을 너무 밝히면 천박한 인상을 주게 되며 주위에 사람이 모이지 않게 된다.

◎ **직장생활의 필수 요소**

목표와 비전 '꿈'	22.8%
처신과 태도 '꼴'	22.5%
일에 대한 열정 '깡'	22.0%
프로정신 '꾼'	12.7%
정보력과 전문성 '꾀'	11.3%
인적 네트워크 '끈'	5.7%
재능과 매력 '끼'	3.0%

◎ **직장에서 생존지수 향상 방안**

'직무 관련 교육을 통해 전문성을 키운다'	32.7%
'성과관리를 위해 노력한다'	28.3%
'평판관리를 잘해 둔다'	24.4%
'외국어 공부를 한다'	7.7%
'전문자격증을 취득해 둔다'	5.8%

◎ **희망하는 은퇴 후 노후생활**

'취미활동이나 여행 등을 하고 싶다'	37.1%
'창업을 하고 싶다'	26.3%
'연령 제한이 없는 곳에 재취업하고 싶다'	15.8%
'교육 등을 통한 자기계발을 하고 싶다'	10.9%
'봉사활동을 하고 싶다'	8.0%

더데일리뉴스(2009. 12. 9.)

2) 인간관계 매너의 중요성

여러 사람이 공존하는 사회에서 사람이 살아가는 방법의 하나는 매너이다. 매너의 힘(power)은 상대에 대한 배려에서 비롯된다. 이로 인해 인간관계의 매너는 특정한 사람이나 경우에서만 존재하는 것이 아니라 사소해 보이는 일상생활 그 가운데서 상대에 대한 배려로 반영된다. 이 같은 타인을 향한 배려의 매너는 일상에서 우리가 잠시 머무르게 되는 레스토랑, 세미나실, 골프장, 극장 등의 장소에서도 발견된다. 아침, 점심 그리고 저녁, 낮과 밤 등 시간에 따른 매너도 상대를 향한 배려의 견지에서 중요시된다. 또한 인간관계에서는 관람, 주문, 사교, 요청 등 처한 상황에 따른 매너도 존재한다.

본래 매너는 중세 서양사회에서 귀부인을 배려하는 봉건영주와 기사의 행동양식에서 비롯되었다. 그 후 오랜 세월을 거쳐 오늘날의 사회가 묵시적으로 공감하는 일련의 규범으로 정착되어 왔다. 오늘날에 있어서도 올바른 매너의 핵심은 다른 사람을 존중하고 배려하는 마음으로 여겨지고 있다.

일상생활에서 이행되는 매너는 행동방식이나 자세 외에 태도, 버릇, 몸가짐 등으로도 반영될 수 있다. 매너(manners)란 원래 Manuarius라는 라틴어에서 생겨났다. 이는 Manus와 Arius의 복합어로 Manus는 영어의 hand, 즉 손이라는 뜻과 사람의 행동, 습관이라는 뜻을 내포하고 있으며, Arius는 방법, 방식을 의미한다. 결국 매너란 손의 방법, 손으로 하는 방식, 다시 말해 매우 구체적인 행위의 방식을 뜻한다. 이러한 매너는 사람마다 가지고 있는 독특한 습관이나 몸가짐으로 해석되어 습관화된 행동방식을 의미하기도 한다.

인간관계를 영위함에 있어 상대를 향한 매너는 공존(共存)의 필수 요건으로 그 중요성이 강조된다. 따라서 매너가 일정한 기법이나 형식으로 습관화되어 타성이 되지 않도록 항상 역지사지(易地思之)하여 상대의 입장에서 생각해야 하며, 자신보다 남을 배려하는 습관 속에서 인간관계를 발전시켜 나가는 것이 요구된다.

Plus Manner - 에티켓의 유래

에티켓(etiquette)은 원래 프랑스어로 공공을 위한 안내표지 또는 입간판의 의미로 Estiquier(붙이다)라는 동사에서 파생된 명사형이다. 이 용어의 유래를 살펴보면 프랑스 베르사유 궁전의 화단에 세워진 입간판에 '화단을 해치지 않도록'이란 말이 쓰여 있었는데 이 말이 점차 바뀌어서 나중에는 '상대의 마음을 다치지 않도록'이란 뜻으로 통하게 된 데서 유래한 것이라는 설과 베르사유 궁전에 출입하는 사람들에게 궁전에 출입할 때 반드시 지켜야 하는 주의사항을 적은 쪽지(ticket)를 나누어 주었는데 이것에서 에티켓이 유래되었다는 설이 있다. 이로 보면 에티켓은 사람이 자신과 상대의 신분에 따라 상황에 맞게 지켜야 하는 생활규범의 의미로 이해된다.

에티켓은 원래 프랑스 루이 13세의 왕비였던 안느 도트리슈(Anned'Autriche)의 노력으로 궁정 에티켓에서부터 출발하여, 루이 14세 때 본격적으로 정비가 되었다. 당시의 사람들은 예의에 맞는 행동을 "에티켓대로 행동했어."라고 말했다고 전해진다. 이후 1830년 법령에 의해 현재에 이르는 공식의전의 형식이 확정되었다고 알려져 있다.

에티켓이란 인간의 존엄, 남녀의 평등, 민주적인 인간관계를 바탕으로 한 것이다. 이는 인격이나 품위의 반영이며 생활의 밑거름이 된다. 가정, 학교, 직장 등의 생활영역에서 우리의 모든 언행은 무의식중에 각자의 인격을 말해 준다. 이로 보면 에티켓은 상대의 인격을 존중하고 형편을 이해하면서 그 마음을 다치지 않게 하려는 자세에서 비롯된다. 실제로 에티켓은 생활과 행동의 기본이라는 뜻이 포함되어 있다.

현대에 와서 에티켓의 본질은 ① 상대에게 폐를 끼치지 않는다. ② 상대에게 호감을 준다. ③ 상대를 존중한다 등의 뜻으로 요약되고 있다.

영국의 엘리자베스 여왕이 중국의 고위관리와 정찬을 가졌을 때의 일이다.

정찬 코스 가운데 디저트를 내기 전 종업원이 핑거볼을 가져왔다. 핑거볼은 서양식에서 가재, 새우, 과일 등 손을 사용해서 음식을 먹어야 되는 경우 함께 나오는데 손가락 끝을 씻는 물을 담는 작은 그릇이다. 그런데 서양식 테이블 매너를 잘 몰랐던 중국 관리가 그만 핑거볼의 물을 마셔 버렸다. 그러자 엘리자베스 여왕 역시 태연한 얼굴로 핑거볼의 물을 마셨다. 만약 엘리자베스 여왕이 핑거볼에 손을 씻었다면 어떻게 되었을까?

아마도 중국 관리는 매우 부끄러웠을 것이다. 엘리자베스 여왕의 행동은 '에티켓'은 어겼지만 상대를 배려하는 '최선의 매너'를 보여 준 것이다. 에티켓이 행동의 기준이라면 매너는 그것을 실제의 행동으로 나타내는 것으로 융통성과 창조성을 지닌다고 할 수 있다.

이솝의 우화인 여우와 두루미 이야기 속에서 각자가 생각하는 최선의 매너를 실천하는 여우와 두루미가 되어 봅시다.

2. 인간관계를 위한 이미지 메이킹과 매너

1) 이미지 메이킹의 개념

남보다 한발 앞선 사람들, 그들에겐 어떤 특별함이 있을까? 그것은 바로 자기관리를 위한 이미지 메이킹이다. 모든 사람들에게는 자기만의 이미지가 있다. 인류 역사를 통해 사람들은 항상 타인의 눈에 비치는 자신의 모습이 큰 관심사 중의 하나였고, 그것을 알아내고 향상시키는 일에 많은 에너지를 집중해 왔다.

현대는 이미지의 시대로 우리는 항상 이미지를 접한다. 커뮤니케이션에서 비언어적인 요소인 시각적 측면이 차지하는 부분은 50%를 넘는다. 시각을 이용한 정보 전달이 인간의 오감(五感) 중 가장 많은 부분을 차지하는 것이다. 따라서 한 장의 사진이 천 마디 말보다 더 큰 힘을 발휘하기도 한다. 이는 우선적으로 눈에 보이는 것에서 영향을 받게 되기 때문이다. 이로 보면 설득력 있는 메시지는 보이는 이미지에서부터 시작된다고 할 수 있다.

(1) 이미지

누군가를 생각할 때 그 사람의 이름과 함께 머릿속에 떠오르는 것이 있을 것이다. 얼굴 생김새, 표정, 음성, 말투, 옷차림, 걸음걸이, 느낌, 성격 등 많은 것이 생각날 것이다. 이러한 조각들이 하나로 통합되어 한 사람에 대한 독특한 감정, 느낌을 만들게 된다. 이것이 바로 이미지(Image)이다.

이미지란 감각을 자극함으로써 마음속에 어떤 대상을 감각적으로 재생시키는 형상을 의미한다. 이미지의 사전적 의미를 살펴보면, 어떤 사람이나 사물로부터 받는 느낌으로 '심상(心象)', '영상(映像)', '인상(印象)'으로도 표현할 수 있다.

이미지라는 단어의 어원은 라틴어 'Imago'에서 유래되었다. 이는 사람이나 사물로부터 전달되는 잠재된 느낌과 모습을 의미한다. 이미지는 그 대상에게서 체험하는 감각과 그 감각으로부터 받는 인상의 내용을 의미한다. 다시 말해 어떠한 대상에 대한 경험에서 생기는 이미지는 개인의 지각을 통해서 의미화되고 연상에 의해 형성되며 각인된다.

(2) 이미지 메이킹

이미지 메이킹(Image Making)은 '이미지 만들기', '이미지 향상시키기 (Improve the Image)', '이미지 바꾸기(Change One's Image)' 등의 사전적 의미를 갖고 있다. 즉 이미지 메이킹은 사람이나 사물의 이미지를 만들고 향상시키고 바꾸고 개선시켜 이상적인 이미지를 만드는 모든 행위이다.

'이미지를 만든다'라는 용어 자체에서 '만든다'라는 단어에는 '개선시킨다'는 의미가 전제되어야 하며, 자신이 기본적으로 가지고 있는 이미지에 외적으로 더해지는 미적 추구의 행위를 통해 '개선'시키는 것을 그 근본적인 목적으로 삼아야 한다. 이미지가 상대에게 전달되는 어떠한 느낌을 머릿속에 재현한 영상이라면 이미지 메이킹은 자신이 추구하는 목표와 상황에 맞게 자신의 모습을 자기가 원하는 방향으로 이미지화하여 표현하는 기술이다. 즉 자신의 사회적 지위와 역할에 맞게 자신을 가장 호감 가는 최상의 이미지로 부각시키기 위한 노력이며, 이에 따른 총체적인 연출법을 이미지 메이킹이라고 할 수 있다.

이미지 메이킹은 'making'도 중요하겠지만 'training'에 더 큰 의미를 두어야 한다. 즉 한순간에 인위적으로 만들어진 겉만 그럴듯한 치장술이 아닌 시간과 노력의 성과로 연습되고 다듬어져 표출되어야 하는 것이다. 예를 들어 참되고 진실한 내적 요소를 기반으로 외적 요소들을 센스 있게 배열하는 성공적인 이미지 메이킹 전략을 통해 시각적 이미지에 해당하는 호감 가는 표정, 밝고 부드러운 미소, 상황에 적합한 바른 몸가짐, T·P·O에 맞는 옷차림, 적극적인 인사(人事) 등으로 표현될 수 있다. 또한 소통(Communication)의 이미지로 공손하고 세련된 화술, 긍정적인 언어 표현, 재치 있는 대화 기술 등도 자연스럽게 나타날 수 있는 것이다.

Check Manner - 이미지 메이킹의 5단계

마치 강물에 비친 달이 물결치는 대로 모양이 변하듯 우리 각자의 이미지도 상황에 따라 다르게 인식된다. 다시 말해 상황이나 대상에 따라 연출될 수 있고, 자신이 모토로 삼고 있는 긍정적 이미지에 대해 끊임없이 배우고 모방하면 자신만의 이미지를 재창조해 낼 수 있다.

이미지 메이킹의 5단계

1단계 Know yourself(자신에 대해 파악하고 문제점을 찾는 단계)
2단계 Develop yourself(목표를 설정하여 자신을 계발하는 단계)
3단계 Package yourself(자신을 포장하는 단계)
4단계 Market yourself(자신을 마케팅하는 단계)
5단계 Be yourself(진실한 이미지를 전달하는 단계)

1. 상대가 느끼는 나의 이미지는?

2. 내가 갖고 싶은 이미지는?

Check Manner - 지피지기(知彼知己)

	이미지 특성	나						합계
1	따뜻하다.							
2	다정하다.							
3	조용하다.							
4	친근하다.							
5	애교가 있다.							
6	침착하다.							
7	편안하다.							
8	친절하다.							
9	인내력이 있다.							
10	얌전하다.							
11	명랑하다.							
12	이해가 빠르다.							
13	매력 있다.							
14	예의바르다.							
15	논리적이다.							
16	시원하다.							
17	성실하다.							
18	설득력이 있다.							
19	깨끗하다.							
20	신중하다.							
21	재치(유머)가 있다.							
22	진지하다.							
23	열성적이다.							
24	낙천적이다.							
25	차분하다.							
26	배짱이 있다.							
27	활동적이다.							
28	이지적이다.							
29	박력이 있다.							
30	사교적이다.							

이미지 분석표

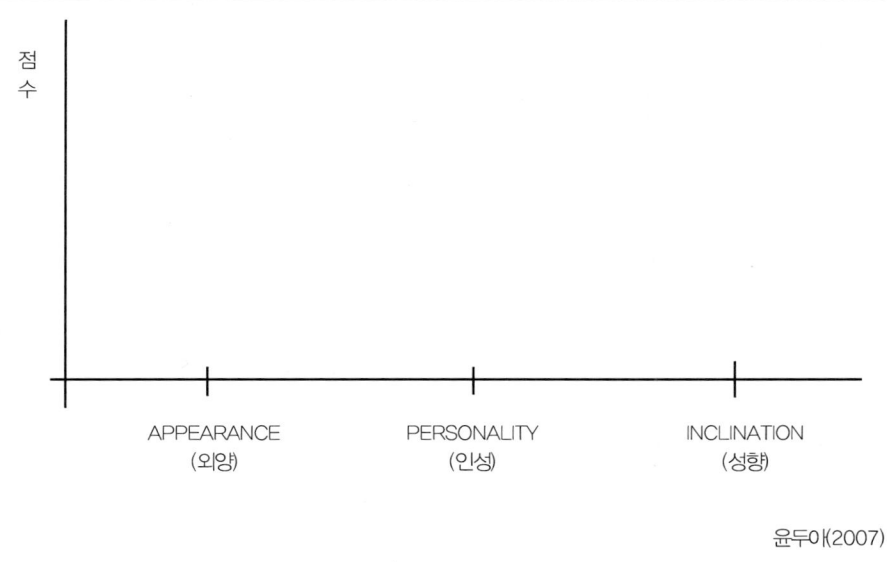

(3) 이미지 메이킹과 매너

우리는 자신의 이미지를 어떻게 관리하느냐에 따라 삶이 달라지는 시대에 살고 있다. 비주얼시대를 살아가는 현대인들에게 이미지 메이킹은 선택이 아닌 필수인 것이다.

이미지는 단순히 겉으로 나타나는 외양에만 국한되는 것이 아니라 그 사람이 가지고 있는 매력을 의미한다. 경쟁력 있는 자신을 만들기 위해 이미지 메이킹을 바탕으로 자신 속에 잠재되어 있는 고유한 매력을 발견하고 그것을 다듬어 효과적으로 극대화할 수 있는 방법을 찾는 일에 소홀해서는 안 된다.

『창조적 시각화(creative visualization)』의 저자 삭티 거웨인(Shakti Gawain)도 비주얼의 힘에 대해 극찬하며 목표를 정할 때 시각적인 면을 생각할 필요가 있음을 강조하였다. 예를 들어 '나는 앞으로 매력적인 사람이 되겠다'는 다짐보다는 '나는 지금 매력 있는 사람이다'라는 표현이 더 효과적이라는 것이다. 즉 미래에 추구하는 목표일지라도 눈에 보이는 현실처럼 표현하는 자기

암시가 중요하여, 비주얼을 통해 창조적으로 시각화해야 한다는 것이다. 단순히 보이는 이미지를 메이킹하는 것이 아니라 전달하고자 하는 메시지 자체를 시각화할 때 설득력을 극대화할 수 있다.

인간관계를 영위함에 있어 눈으로 확인되는 행동방식인 매너는 자신의 이미지를 메이킹하는 차원에서도 필수요건이라고 볼 수 있다. 매너는 상대를 존중하는 표현이자 상대를 향한 배려가 눈으로 확인되는 행동의 방식이다. 오늘날 많은 기업들이 인재를 선발할 때 출신학교와 성적만으로 채용하는 방식에서 벗어나 지원자의 성격, 대인관계, 매너, 문화적 소양 등의 인성적 측면을 면밀히 파악하고 있다. 이는 남과 더불어 살아갈 수 있는 이미지가 반영되는 인재, 즉 자신의 이미지를 메이킹할 줄 아는 인재를 요구하고 있음을 보여 준다. 이미지 메이킹을 위한 노력의 과정 속에 타인을 향한 존중과 배려의 매너를 습관으로 생활화하는 것은 사회와 조직에서 다른 사람들과 원만하게 공존하면서 상호 발전을 이루어 나갈 수 있는 사람임을 나타내는 중요한 척도가 되고 있다.

Plus Manner – '매너'로 반영되는 인성(人性)이 이미지를 메이킹한다.

100여 년 전 미국과 스페인 전쟁에서 미국의 승리를 이끈 제25대 대통령 윌리엄 매킨리(William McKinley : 1897 – 1901)의 일화를 통해 개인이 가지는 사고와 태도 및 행동 특성을 의미하는 인성(人性)이 이미지 메이킹에 있어 얼마나 중요한가를 생각해 보도록 한다.

매킨리는 대통령 당선에 큰 몫을 한 공로자 두 명 가운데 한 명을 고위 외교관으로 임명해야 했는데 대상 자 두 명 모두 비슷한 실력을 갖추고 매킨리의 오랜 친구들이었기 때문에 더욱 고민스러웠다. 선택의 고민 에 빠졌을 때 문득 생각난 일이 있었다.
매킨리가 어느 날 그들과 함께 전차를 탔는데 마침 비어 있는 자리에 앉을 수 있었다. 그때 나이 많고 행 색이 초라한 아주머니가 무거운 바구니를 이고 전차에 올랐다. 그러나 아무도 그 아주머니에게 자리를 양 보하지 않았고, 매킨리의 친구 한 명도 신문을 보는 척하며 그녀를 외면했다. 그러나 또 다른 친구는 자리 에서 일어나 아주머니에게 자리를 양보했다. 그 일을 생각해 낸 매킨리는 아주머니를 외면했던 친구를 탈 락시켰다. 어려운 처지에 있는 사람에게 무관심한 사람을 외교관으로 임명한다는 것은 부적합하다고 생각 했기 때문이었다.

이 일화에서 보면 아주머니에게 자리를 양보했던 친구의 매너는 그의 인성이 어떠한가를 반영하며 그것이 곧 그의 이미지가 되어 다른 사람들에게 오랫동안 각인될 수 있음을 말해 준다.

2) 이미지 메이킹의 구성요소

한 개인의 이미지를 메이킹하는 요소는 내적 요소와 외적 요소로 구분된다. 내적 요소는 외적 요소와 깊이 연관되며, 이들은 복합적으로 작용하여 개인의 이미지를 형성하게 된다.

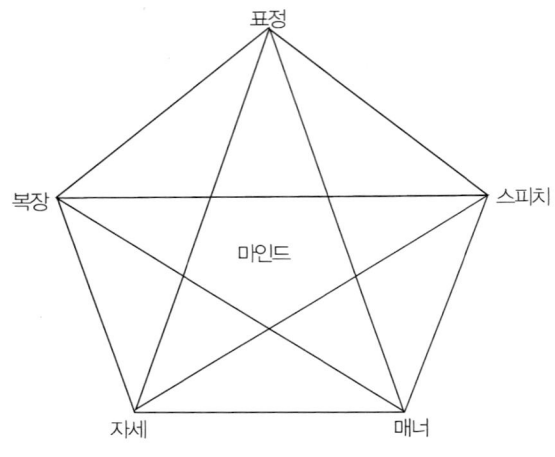

〈그림 1〉 이미지 메이킹의 구성요소

(1) 내적 요소

원만한 인간관계를 위해 무엇보다 중요한 것은 자신의 내면을 성찰하고 긍정적 마인드로 삶을 이루어나가는 것이다. 이러한 내적 이미지의 형성 없이는 호감 가는 외적 이미지를 연출하기 어렵다.

① 자아존중

인간은 누구나 자기 스스로가 생각하는 자신, 가족 안에서의 자신, 사회 속에서의 자신에 대해 끊임없이 고민하면서 살아간다. 이러한 자아는 개인의 성격과 행동을 형성할 뿐만 아니라 대인관계 능력 및 성취력 등을 포함한 사회적 성공 여부에 지대한 영향력을 미친다.

Branden(1969)은 자신의 삶에 필수적인 자아존중감은 꼭 필요한 경험으로 자기 신뢰와 자기 존경의 융화, 즉 자신에 대해 갖는 가치와 유능성에 대한 확신이라고 보았다. 이는 한 개인이 인생에서 부딪치게 되는 역경에 맞서 이겨 낼 수 있는 능력이며, 문제해결능력이 있다는 자신에 대한 믿음이기 때문이다. 또한 스스로가 가치 있는 존재임을 느끼고, 필요한 것과 원하는 것을 주장할 자격이 있으며, 자신의 노력으로 얻은 결과를 즐길 수 있는 권리를 갖고 스스로 행복해질 수 있다고 믿는 것이라고 하였다.

긍정적인 자아존중감을 갖고 있는 사람은 자기 스스로를 가치 있고 중요한 사람이라고 생각하며 자신은 유의미한 타자에 의해 존경받을 가치가 있다고 여긴다. 새롭고 도전적인 과업을 즐기고 자신이 하는 모든 일은 높은 질을 추구하며, 그것은 장래에도 커다란 도움이 될 수 있다고 믿는다. 반면, 부정적인 자아존중감을 가진 사람은 우울과 염세주의로 일관하여 스스로를 중요하지 않은 사람이라고 생각한다. 그리고 자기는 사람들이 좋아할 만한 장점을 지니고 있지 않다고 믿는다. 늘 자기의 생각과 능력에 확신이 없어 다른 사람들의 생각과 과업이 자신의 것보다 우월하다고 생각한다. 새롭거나 도전이 필요한 사건들을 좋아하지 않으며 기존의 것에 안주하려고 한다. 현재나 미래 그리고 자기 자신에 대해 많은 것을 기대하지 않으며, 노력을 해도 노력에 비해 결과는 늘 좋지 않다고 생각한다. 자기에게 일어나는 일들을 잘 통제하지 못해 그 결과 일의 결과가 좋게 되기보다는 오히려 나쁜 방향으로 끝날 것이라고 믿는다.

◎**자아존중감이 높은 유형의 사람**

- 적극적이다.
- 표현이 풍부하다.
- 성공적이다.
- 낙천적이다.
- 자기 자신과 타인을 잘 수용한다.
- 주위 환경이나 인간관계에서 안정감과 소속감을 느낀다.
- 문제해결에 대한 자신감과 성취감이 높다.
- 책임감이 강하다.
- 자신을 믿는다.

◎**자아존중감이 낮은 유형의 사람**

- 낙담하기 쉽고 극복이 어렵다.
- 우울하다.
- 타인들로부터 고립되고 주목받는 것을 피한다.
- 필요 없는 걱정이 많아 항상 불안해한다.
- 대인관계가 좋지 않다.
- 자신감이 결여되어 있다.
- 타인에 대해 의존적이다.

	문 항	매우 그렇다	대체적 으로 그렇다	부분적 으로 그렇다	전혀 아니다
	Check Manner - 자기 신뢰도로 분석해 본 자아존중감				
1	다른 사람과 나를 비교하는 일이 잦다.	3	2	1	0
2	나는 다른 사람들로 인해 쉽게 기분이 상한다.	3	2	1	0
3	다른 사람들의 인정을 받는 것이 나에게 매우 중요하다.	3	2	1	0
4	다른 사람이 나를 공격한다고 느낀 적이 많다.	3	2	1	0
5	나는 실패할까 겁나서 아예 아무 일도 시작을 안 하는 편이다.	3	2	1	0
6	나는 모든 일을 110% 해내야 직성이 풀린다.	3	2	1	0
7	나는 다른 사람들이 나를 어떻게 평하는지를 매우 중요하게 생 각한다.	3	2	1	0
8	다른 사람들에게 진짜 내 모습을 보이기가 겁난다.	3	2	1	0
9	나는 항상 다른 사람을 만족시키고 싶다.	3	2	1	0
10	나는 다른 사람의 부탁을 거절하는 게 매우 어렵다.	3	2	1	0
11	나는 성공한 사람을 보면 샘이 난다.	3	2	1	0
12	나는 스스로 사랑받지 못한다는 느낌이 자주 든다.	3	2	1	0
13	나는 다른 사람들에게 끊임없이 무언가를 증명해 보여야 마음이 편하다.	3	2	1	0
14	나는 실수 때문에 자책을 많이 하는 편이다.	3	2	1	0
15	나는 칭찬을 받으면 흔쾌히 받아들이기가 힘들다.	3	2	1	0
16	나는 스스로 실패자라는 느낌을 자주 갖는다.	3	2	1	0
17	나는 죄책감을 자주 느낀다.	3	2	1	0
18	나는 우울하고 기가 꺾여 있을 때가 많다.	3	2	1	0
19	나에 대한 평판이 혹시 나쁘지 않을까 걱정을 많이 하는 편이다.	3	2	1	0
20	나는 약하다는 것 자체가 싫다.	3	2	1	0
21	나의 약점을 보이는 것은 끔찍한 일이다.	3	2	1	0
22	내가 사람들과 잘 지내지 못하는 것은 당연한 일이다.	3	2	1	0
23	누군가가 나에 대해 이야기하는 것을 보면 즉시 '나쁜 말을 하 고 있구나' 하는 생각이 든다.	3	2	1	0
24	나는 거울을 보기 싫어하는 편이다.	3	2	1	0
25	나는 다른 사람들 앞에서 나의 약점과 실수를 숨기려고 한다.	3	2	1	0
26	다른 사람과 나를 비교할 경우 불리한 쪽은 항상 나다.	3	2	1	0
27	나 자신에 대해 화가 날 때가 많다.	3	2	1	0
28	나는 항상 자신에게 모든 일을 똑바로 처리하라고 요구한다.	3	2	1	0
29	나 자신과 내 능력을 의심할 때가 많다.	3	2	1	0
30	나는 외모 때문에 걱정을 많이 한다.	3	2	1	0

김재득(2009)

② 자기개방

대부분의 사람들은 자신도 모르게 벽을 쌓으면서 살아간다. 이 벽은 다른 사람들로 하여금 내가 누구인지, 무엇을 생각하는지, 또 그들을 어떻게 생각하는지를 알지 못하게 가로막는다. 그 벽은 개인 자신을 보호할지는 모르나 한편으로는 다른 사람들에게 자신이 누구인가를 개방적으로 알리는 것을 불가능하게 한다. 게다가 그 벽은 스스로를 내부에 가두는 감옥의 벽과 같이 되어 성장하는 것을 방해하기도 한다. 그런데 그 벽을 허물 것인가 말 것인가 혹은 조금 허물 것인가 다 허물 것인가는 자신에게 달려 있다. 그 벽을 효과적으로 제거해 나가는 것이 보다 완전한 인간이 되어 가는 과정이다.

죠셉 루프트(Joseph Luft)와 해리 잉그햄(Harry Ingham)은 인간의 내면을 자신에 대한 개방 정도와 타인으로부터의 피드백 정도에 따라 4개의 영역으로 나누고 자신들 이름의 앞 글자를 따서 죠하리 창이라고 이름 붙였다.

세상을 살아가다 보면 자신도 자기 자신을 잘 모르겠다고 느끼는 경우가 있다. 자신도 깨닫지 못했던 자기의 참모습을 다른 사람들이 일깨워 주는 경우도 종종 있다. 죠하리 창은 자신과 타인에게 투영되는 자신의 모습을 통하여 대인관계에서의 갈등 원인을 설명하고 그 해결방법을 제시함으로써 대인관계 능력의 발전방향을 제시해 주고 있다.

죠하리 창은 아래와 같이 크게 4개의 영역으로 구성되어 있다. 여기서 내면의 영역은 다른 사람과의 관계에 있어 개방하는 부분, 남들은 알지만 자신은 알지 못하는 부분, 자신이 알고 있지만 숨기는 부분, 그리고 아무도 모르는 미지의 부분 등으로 구분된다. <그림 2>의 죠하리 창은 이에 대하여 잘 나타내 보여 주고 있는데 이 창은 우리가 '자신에 대하여 얼마나 아는가'와 '얼마나 타인들에게 자신을 나타내 보이는가' 하는 두 가지 요소에 의하여 결정된다. 따라서 죠하리 창은 개인 스스로에 대해 가지는 이해의 정도와 그 이해의 바탕 위에 얼마나 다른 사람들과 교류하는가의 정도를 나타내 보인다고 할 수 있다.

	자신에게 알려짐	자신에게 알려지지 않음
타인에게 알려짐	개방 영역	스스로 알지 못하는 영역
타인에게 알려지지 않음	숨기는 영역	미지의 영역

〈그림 2〉 죠하리 창

<그림 2>에서 개방 영역(open area)은 자유행동(free activity)이라고 하며, 자신과 다른 사람이 알고 있는 행동, 정보, 태도, 감정, 희망, 생각, 동기에 적용되는 영역이다.

스스로 알지 못하는 영역(blind area)은 맹목 영역으로 자신에 대해 알지 못하는 것을 다른 사람이 인식할 수 있는 영역을 말하는 것으로 몸에서 나는 냄새, 코를 만지는 습관 등을 예로 들 수 있다.

숨기는 영역(hidden area)은 회피하고(avoided) 감추어진(hidden) 영역으로 자신이 알고는 있지만 다른 사람에게 잘 알리지 않는 것을 함축하는 영역이다. 예를 들면 신부님께 고해성사를 하는 내용이 여기에 해당된다고 볼 수 있다.

미지의 영역(unknown area)은 자신의 행동이나 동기에 대해 자신도 다른 사람도 모르는 영역을 말한다. 그러나 최면술 등을 통해 일부분을 알게 되어 영역의 존재를 추정할 수 있으며 알려지는 순간 그 미지의 행동이나 동기는 다른 영역에 영향을 미치게 된다.

③ 자기긍정과 타인긍정

해리스(Thomas A. Harris)는 인간이 자신과 타인 그리고 삶에 대해 어떠한 태도를 가지는가에 따라 생활태도를 4가지 유형으로 구분하였다. 이는 자신이 스스로를 어떻게 인식하는가, 또한 다른 사람을 어떻게 인식하는가에 따라 결정되며 이러한 태도는 궁극적으로 삶의 자세 및 인생관에까지 영향을 미치게 된다. 긍정적인 태도는 'OK'로 표현되며 사람과 사물, 그리고 환경에 대해 긍정적인 생각과 행동으로 나타난다. 반면에 부정적인 자세는 'Not OK'로 표현되며 'OK'와 반대되는 생각이나 행동으로 반영된다.

○ 자기부정과 타인긍정(I'm not OK, You're OK)

자기부정과 타인긍정의 생활태도를 가진 사람은 다른 사람이 자신보다 더 유능하고 자신보다 문제가 적다고 생각한다. 자신은 항상 불리한 입장에 놓여 있다고 여기므로 열등감, 자기경시, 우울증 등을 지니며 다른 사람들로부터 자신을 소외시키는 경향이 있다.

> • 자기부정 – 타인긍정의 행동유형
> – 다른 사람과 깊이 있는 인간관계를 맺기 싫어한다.
> – 자신감이 없고 열등의식이 있다.
> – 마음속에 분노를 가지고 있다.
> – 실패에 대한 두려움이 있어 책임을 맡지 않으려 한다.
> – 자신이 무엇을 원하는지 뚜렷이 알지 못하고 자기의 의견을 주장하지 못한다.
> – 문제나 책임으로부터 도피하고자 하며 다른 사람이 자신을 위해 결정해 주기를 바란다.

○ 자기부정과 타인부정(I'm not OK, You're not OK)

자기부정과 타인부정의 생활태도를 가진 사람은 자신도 주위의 다른 사람도 모두 가치 없는 존재라고 생각한다. 타인과 원만한 관계를 맺지 못해 자신과 타인 그리고 환경에 대해서도 부정적이다. 미래에 대해 희망이 없고 비관적이며 절망적인 태도로 세상을 살아간다. 이러한 사람은 마음의 문을 굳게 닫고 있으므로 인간에 대한 불신감과 거부감을 가진다.

- 자기부정 - 타인부정의 행동유형
  - 타인을 신뢰하지 않는다.
  - 자신은 물론 타인에 대해서도 공격적이다.
  - 반항적이고 적대적이며 조직이나 세상에 대해 분노를 품고 있다.
  - 될 대로 되라는 자포자기적인 태도를 취한다.
  - 버림받게 된다든지 혼자서만 있게 된다는 두려움이 있다.
  - 책임을 맡게 되면 투덜대고 실수를 반복한다.
  - 인생의 목표가 없고 쉽게 낙담하며 소외감을 느낀다.

○ 자기긍정과 타인부정(I'm OK, You're not OK)

자기긍정과 타인부정의 생활태도를 지닌 사람은 자신에 대한 우월감에 가득 차 있어 타인을 무시한다. 타인과의 대화에 있어서도 자신이 항상 타인을 지배하려고 하고 권력의 중심에 서기를 좋아한다. 다른 사람의 입장을 고려하기보다는 자신의 입장을 다른 사람들에게 강요하며, 자신의 실수에 대한 책임을 다른 사람에게 전가한다. 강한 자기애에 빠져 반성이나 자기 성찰을 하지 않는 독선과 배타주의가 나타나며 심한 경우 공격성과 범죄 행위를 보이게 된다.

- 자기긍정 - 타인부정의 행동유형
  - 배타적이고 지배적이다.
  - 다른 사람의 뜻을 바르게 수용하지 않는다.
  - 다른 사람을 지배하는 힘을 잃을까 봐 두려워한다.
  - 자기 방어적이고 공격적이다.
  - 상대를 몰아세운다.
  - 우월의식이 강하다.

○ 자기긍정과 타인긍정(I'm OK, You're OK)

자기긍정과 타인긍정의 생활태도는 자신과 타인 모두를 가치 있게 생각하는 가장 바람직한 유형이다. 자신과 타인에 대한 신뢰를 바탕으로 심리적으로 안정되어 있고 의사결정에 있어서도 모두에게 선과 행복을 가져오는 건전한 방향을 추구한다. 이러한 태도를 가지기 위해서는 자신에 대한 자긍심이 있어야 하며 타인에 대한 올바른 이해와 배려가 필요하다. 그러나 이러한 성숙된 태도에 도달하였더라도 조금만 방심하면 불완전한 태도로 빠지는 우려가 있을 수 있으므로 주의해야 한다.

- 자기긍정 – 타인긍정의 행동유형
  - 팀원으로서 다른 사람들과 원만하게 일을 할 수 있다.
  - 자신과 타인을 존중하고 소중하게 생각한다.
  - 개방적이며 언제나 상대를 수용할 태도를 가지고 있다.
  - 의견의 불일치가 있을 경우 그 원인을 찾아서 해결방법을 모색한다.
  - 자신감을 가지고 다른 사람과 대화하고 협력한다.
  - 다른 사람의 눈치를 살피지 않고 소신 있게 행동한다.

◎ 시사명(視思明): 다른 사람을 대할 때 그의 겉모습만을 보는 것이 아니라 그의 내면의 진실함을 밝게 보겠다는 마음

◎ 청사총(聽思聰): 다른 사람의 말을 들을 때 그가 말하는 바의 참뜻을 총명하게 듣겠다는 마음

◎ 색사온(色思溫): 나의 표정과 안색을 온화하고 부드럽게 갖겠다는 마음

◎ 모사공(貌思恭): 나의 용모를 단정하고 공손히 하겠다는 마음

◎ 언사충(言思忠): 말을 할 때 성실하고 신의 있게 하겠다는 마음

◎ 사사경(事思敬): 사람을 대함에 있어서나 일을 처리함에 있어서 공경과 신중한 자세로 임하겠다는 마음

◎ 의사문(疑思問): 모르는 것이 있을 때 부끄러워하지 않고 열심히 배우겠다는 마음

◎ 분사난(忿思難): 다른 사람으로 인해 화가 날 때 화를 크게 내어 더 심각한 상황에 이르지 않도록 침착하게 대처하겠다는 마음

◎ 견득사의(見得思義): 내게 돈이나 물건, 지위 등 이익이 되는 것이 생기면 그것을 내가 가져도 옳은 것인가 판단하기 위해 깊이 생각하겠다는 마음

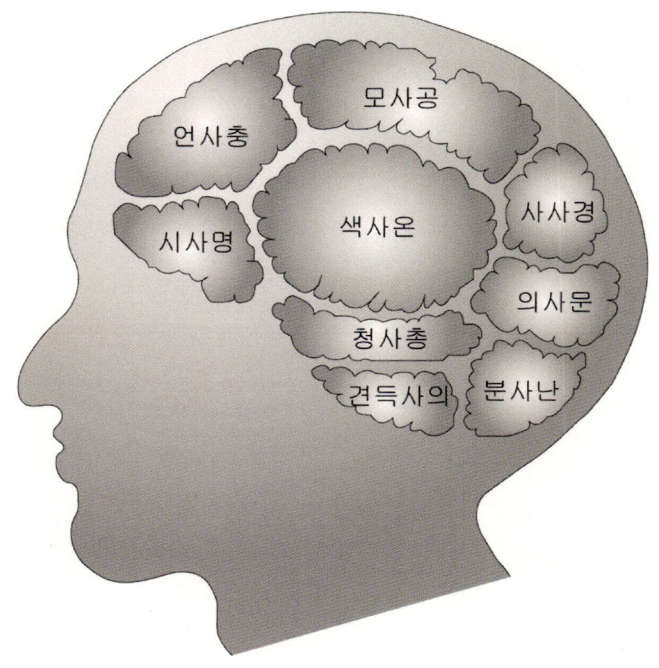

Acknowledging(감사): 나에게 주어진 모든 것에 감사한다.

Belief(신념): 모든 일에 굳은 신념을 가진다.

Confidence(믿음): 자신을 믿어야 한다.

Dreaming(꿈): 심심할 때 조금은 황당한 꿈을 꾸는 것도 괜찮다.

Empathy(공감): 상대의 입장에서 생각해 보는 습관을 갖는다.

Fun(재미): 지금 가지고 있는 것들을 즐긴다.

Giving(베풀기): 내가 가지고 있는 것을 주위 사람들과 함께 나눈다.

Happiness(행복): 자신의 삶과 일에 만족한다.

Imagination(상상력): 상상의 나래를 펴고 꿈을 추구한다.

Joy(기쁨): 자신의 기쁨을 주위에 전파한다.

Knowledge(지식): 끊임없이 다양한 지식을 습득한다.

Love(사랑): 주위 사람들에게 사랑의 마음을 표현한다.

Motivation(자극): 스스로를 자극하여 한계를 초월한다.

Nice(선량한): 낯선 사람에게도 선의를 가진다.

Openness(개방성): 마음을 열고 새로운 것들을 받아들인다.

Patience(인내심): 인내는 승리와 성공을 보장한다.

Quiet(고요): 여유가 생기면 한적한 공간을 찾아가 스스로를 되돌아본다.

Respect(존중): 자신과 다른 인종, 종교, 문화, 가치관 등을 존중한다.

Smile(미소): 절망적인 상황에서도 미소를 잃지 않는다.

Trust(신뢰): 자신, 친구, 지인 모두를 신뢰한다.

Unity(조화): 모든 사람들과 사이좋게 공존한다.

Victory(승리): 아주 작은 승리라도 기뻐하고 즐긴다.

Wait(기다림): 끈기를 가지고 기다리면 행운이 찾아온다.

Xfactor(미지의 요소): 자신과 타인에게서 잠재력을 찾아낸다.

Yes(긍정): 도전을 적극적으로 받아들이고, 모험정신을 잃지 않는다.

Zest(열정): 열정을 가지고 최선을 다하여 생의 정점에 서도록 한다.

장쓰안(2008)

◎ 매사에 부정적인 사람들과 교류하기보다는 긍정적이고 낙천적인 사람들과 교류한다. 부정적인 생각은 정신뿐만 아니라 육체도 피폐해지므로 긍정적으로 생각하는 의욕적인 사람들과 교류하기를 힘쓴다.

◎ 긍정적인 생각을 함으로써 몸에서 엔도르핀이 나오도록 조절한다. 이것은 건강한 육체와 정신에 토대가 된다.

◎ 과거의 부당한 대우나 경험에 대하여 지나치게 집착하지 않도록 한다. 될 수 있는 대로 과거보다는 현재의 나에 대한 자신감을 가지고 미래의 희망과 계획에 전념하는 것이 훨씬 더 좋은 결과를 가져다준다.

◎ 아침에 일어날 때 행복하게 눈을 뜬다. 낙관주의는 선천적으로 타고날 수도 있지만 많은 부분이 학습된 것이다. 긍정적인 생각으로 하루를 밝게 시작하는 것이 도움이 된다. '오늘 하루도 가능한 한 최선의 날로 만들자'라고 다짐하면서 이를 실천하도록 노력한다.

(2) 외적 요소

고덴 엘포트(Gorden Allport)는 『대인지각이론』에서 사람에 대한 호감은 첫 만남에서 30초 이내에 거의 결정된다고 밝혔다. 우리는 30초 동안에 처음 만난 상대의 나이, 성격, 직업, 깔끔함, 성실성 등을 어느 정도 평가할 수 있다.

앨버트 매러비안(Albert Mehrabian)은 첫인상을 결정짓는 요인을 분석하였다. 그 결과 외모나 제스처 등의 시각적 요소가 55%, 음성이나 어투 등의 청각적 요소가 38%, 말의 내용인 언어적 요소가 7%의 영향력을 갖는다고 밝힌 바 있다. 이는 언어적 요소보다는 비언어적 요소가 중요하게 작용한다는 결과를 보여 준다.

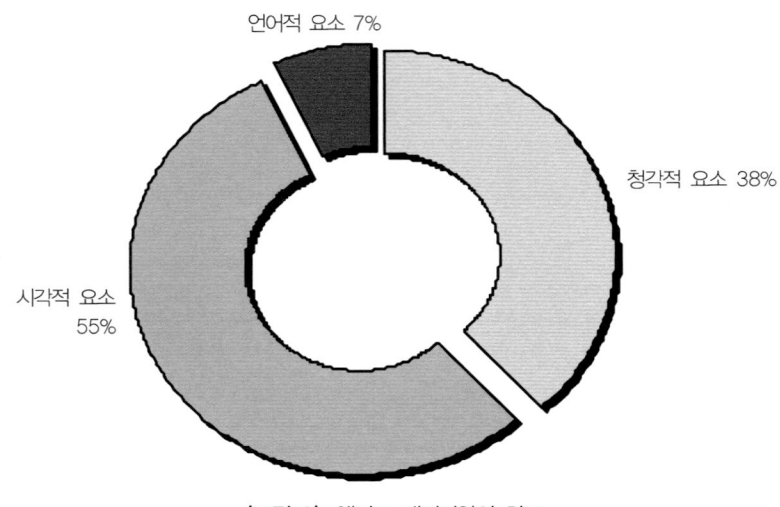

〈그림 3〉 앨버트 매러비안의 차트

① 얼굴 표정

얼굴의 표정은 인간관계에 있어 간과할 수 없는 요소이다. 첫 만남에서 한 사람이 다른 사람에게 끌릴 때 그 힘은 바로 얼굴의 첫인상에 있다. 사람은 얼굴 근육이 다른 동물에 비해 훨씬 많이 발달되어 다양한 표정이 생기는 동물이다. 사람의 얼굴에는 약 80여 개의 근육이 있어 7,000가지 이상의 표정을 만들 수 있는데, 이 중 50개의 근육이 웃는 표정을 만드는 데 쓰인다.

얼굴은 커뮤니케이션의 수단이다. 내가 다른 사람을 향해 보이는 표정은 상대에 대한 나의 마음을 나타내게 되므로 나에 대한 첫인상을 좌우하는 중요한 요소가 된다.

호감(好感)이란 좋게 여기는 감정이다. 사람을 만날 때 호감이 가는 사람과 그렇지 않은 사람이 있다. 호감이 가는 사람은 왠지 한 번 더 보게 되고 관심을 갖게 되고 친근하게 대하게 된다. 반면 호감이 가지 않는 사람에게는 무관심하게 된다. 문제는 내 자신은 과연 호감 있는 존재인가 하는 것이다. 호감을 주는 얼굴은 얼굴의 생김새, 즉 잘생긴 여부보다 그 사람의 얼굴 표정에 의해 결정된다. 아무리 잘생겨도 인상을 쓰고 짜증스런 표정을 짓고 있다면 절대 호감을 줄 수 없다. 오히려 밝고 유쾌하고 순수한 얼굴 표정이 사람들로부터 호감을 얻고 관심을 끌게 되는 것이다.

외모를 고치는 것은 성형 수술로도 가능하겠지만, 얼굴의 인상을 바꾸는 것은 자신의 내적 노력에 달려 있다. 전략적으로 인상을 변화시킬 수 있다면 다른 사람이 우리를 바라보는 눈도 달라질 수 있다. 이때 막연하게 좋은 인상을 지향하는 것보다는 상황에 따라 카멜레온처럼 다양한 색깔로 변화할 수 있는 전략적인 첫인상이 21세기에는 필요하다. 신뢰감이 필요할 때는 신뢰감을 강화시키는 인상이어야 하고, 친밀감이 필요할 때는 편안한 인상을 강화시켜야 하는 것이다.

첫인상을 형성하는 시각적 요소들 가운데 가장 큰 영향력을 갖는 것은 얼굴이다. 대개의 경우 얼굴로 첫인상을 결정짓는 데 걸리는 시간은 약 5∼7초이다. 첫인상이 강하게 남는 이유는 먼저 들어온 정보가 나중에 들어올 정보를 압도하는 초두효과를 발휘해 뒤이은 정보에 더 이상 관심을 갖지 않게 되는 주의감소 현상이 일어나기 때문이다. 사람은 직감 능력이 있어서 짧은 시간에 상대의 얼굴 표정을 보고 저 사람은 어떤 사람일 것 같다는 판단과 느낌을 갖게 된다. 사람의 이미지를 형성하는 시각적 요소인 얼굴의 중요성을 이해하고 호감을 주는 표정을 유지, 관리하기 위해 노력하는 사람은 매너의 기본을 바르게 실천하는 참다운 프로가 될 수 있다.

Check Manner – 돈으로 살 수 있는 것과 살 수 없는 것

◎ 돈으로 집을 살 수는 있다. 그러나 _____ 을 살 수는 없다.

◎ 돈으로 시계를 살 수는 있다. 그러나 _____ 을 살 수는 없다.

◎ 돈으로 지위를 살 수는 있다. 그러나 _____ 를 살 수는 없다.

◎ 돈으로 음식을 살 수는 있다. 그러나 _____ 을 살 수는 없다.

◎ 돈으로 멋지고 예쁜 얼굴을 만들 수는 있다. 그러나 _____ 을 만들 수는 없다.

한경(2008)

② 복장과 용모

복장은 이미지와 개성을 연출하는 중요한 요소이다. 복장이 갖는 사회적 중요성은 다른 사람과의 첫 대면에서 그 복장을 착용한 사람에 대한 정보를 제공하여 첫인상을 형성하는 결정적 요인이 되기 때문이다. 세계적 디자이너 코코 샤넬(Coco Chanel)은 "옷을 잘 못 입은 여성을 보면 사람들은 그녀의 옷에 주목하지만, 옷을 잘 입은 여성을 보면 사람들은 그녀라는 사람을 주목하게 된다."고 하였다.

대부분의 사람들은 각자 좋아하는 의복 스타일이 있으며, 좋아하는 의복을 입으면 편안하고 안정감을 느낀다. 반면 자신의 내면적 특성과 일치하지 않는 의복을 입게 되면 몸에는 잘 맞는다 하더라도 심리적으로 불안감을 주기 때문에 자주 입지 않게 된다. 이처럼 복장은 자신의 외적 이미지 관리의 한 표현이기 때문에 옷차림을 통해 경쟁력 있는 자기관리와 표현을 할 수 있다.

직장인에게 복장은 자신의 이미지는 물론 자신이 속한 직장의 이미지에도 큰 영향을 미친다. 따라서 상황별로 때와 장소에 맞게 그리고 자신의 역할에 맞는 단정한 옷차림을 갖추는 것이 중요하다. 국내 기업들의 대부분은 조직구조상 보수적 성향이 짙기 때문에 정장 또는 그에 준하는 복장을 갖추는 것이 요구된다. 조직 생활을 하는 구성원으로서 룰을 깨뜨리지 않으면서, 은근한 멋을 낼 줄 아는 센스가 필요하다.

한편 용모에 있어 머리는 단정한 스타일로 업무에 지장을 주지 않도록 해야 한다. 특히 앞머리가 눈을 가리지 않도록 주의하고 짙은 염색이나 강한 웨이브는 자제한다. 지나친 색상의 염색은 자신을 가볍게 보이게 하므로 삼가는 것이 좋다. 남성의 경우 머리 못지않게 수염과 코털을 자주 정리하여 청결을 유지해야 한다. 손톱은 너무 길지 않아야 하며, 깨끗하게 관리해야 한다. 매니큐어를 바르는 여성은 연한 색으로 바르고 벗겨지지 않도록 관리를 하는 것도 중요하다. 식사 후에는 반드시 이를 닦아 입에서 냄새가 나지 않도록 신경을 써야 한다. 사무실에 개인용 양치도구와 구강청결제를 준비해 놓는 것도 좋다. 여성의 경우 메이크업은 밝은 이미지를 표현하는 데 도움이 된다. 단 눈 화장과 립스틱의 색상은 너무 짙지 않아야 한다. 무조건 유행을 좇아 어울리지 않는 화려한 색조나 짙은 화장을 하는 것은 삼가야 한다. 장소를 불문하고 화장을 아무 데서나 고치는 것도 실례이다.

남녀 모두 향수는 자신이 희미하게 느낄 정도로만 사용한다. 외출 전 30분에서 1시간 전에 손목이나 귀 뒤에 살짝 뿌리도록 하여 은은하고 산뜻한 향이 나도록 한다. 향수의 종류로는 낮 시간에 적합한 오 드 퍼퓸(eau de parfum)이나 오 드 뚜왈렛(eau de toilette)을 선택한다.

○ 남성의 복장

일반적으로 남성의 복장은 비즈니스 슈트(suit: 상의와 하의를 같은 소재와 색상으로 만든 한 벌의 옷), 셔츠, 타이, 구두의 색상 맞춤이 코디의 기본이 된다.

한국 남성은 감색, 회색, 흑색 계통의 슈트가 무난하다. 사회초년생에게 갈색 슈트는 다소 소화하기 어려울 수 있다. 슈트는 반드시 계절을 감안하여 옷감의 재질을 선택해야 한다. 또한 자신의 체형에 맞는 사이즈의 슈트를 입도록 한다. 자신의 신체에 가장 어울리는 색상과 무늬를 감안하면 체형의 결점을 상당부분 보완할 수 있다.

슈트는 두세 벌 준비하여 번갈아 입음으로써 깔끔한 인상을 줄 수 있도록 한다. 한 벌로 만든 슈트는 한 벌로만 입는다. 각기 다른 슈트의 상의와 하의를 함께 입으면 어색해 보일 수 있다. 슈트의 줄무늬가 좁은 것은 조촐하고, 넓은 것은 화사해 보이는데, 너무 눈에 띄게 뚜렷한 것보다는 조금 떨어져서 보면 무지로 보일 정도가 차분한 느낌을 준다. 최근 슈트를 착용할 때 조끼는 빼고 상의와 하의만을 입고 있다. 조끼를 입지 않을 때 단추가 2개인 슈트는 위 단추 1개, 단추가 3개인 슈트는 2개를 채우는 것이 기본이다. 상의 왼쪽 가슴에 있는 주머니는 비워 두면 된다. 원래 그 자체가 하나의 장식물이다.

바지의 길이는 똑바로 서 있을 때 단이 구두 등에 가볍게 얹히는 정도의 선이 적당하다. 잘 다려져 단정하게 줄이 선 바지는 정장에 필수이다. 아무리 고가의 슈트를 입더라도 바지가 후줄근하면 나쁜 이미지를 줄 가능성이 있다. 하의 앞 주름은 무릎을 구부렸을 때 한 줄로 가운데 오도록 하며 뒤 주름이 허리벨트까지 나 있는 것은 좋지 않으므로, 엉덩이 정점 근처에서 자연스럽게 사라지도록 한다. 하의의 벨트는 장식이 적고 단순한 모양이 좋다. 벨트와 멜빵(suspenders)은 함께 착용하지 않는다. 원래 멜빵은 벨트 고리가 없는 바지에 착용하는 것이다.

남성의 셔츠(shirt)는 흰색이 원칙이나 청색, 미색, 회색 등을 입기도 한다. 셔츠의 칼라 뒷부분은 슈트 상의의 칼라 위로 1~1.5㎝ 정도 보이게 입는다. 셔츠의 소매는 슈트 상의의 소매 끝보다 1~1.5㎝ 정도 나오도록 한다. 팔을 굽혔을 때 커프스가 손목 위로 올라간다면 소매가 짧은 것이다. 소매 길이가 적당하다면 어떤 자세로도 커프스가 올라가지 않고 팔을 움직일 수 있어야 한다. 커프스는 여유 있게 손목에 맞아야 하지만 단추를 풀지 않고 손을 넣을 수 없을 만큼은 좁아야 한다. 셔츠의 목둘레는 0.5㎝ 정도 여유 있게 입도록 하고, 너무 조이거나 피부를 상하게 해서는 안 된다. 셔츠의 품은 너무 넓지

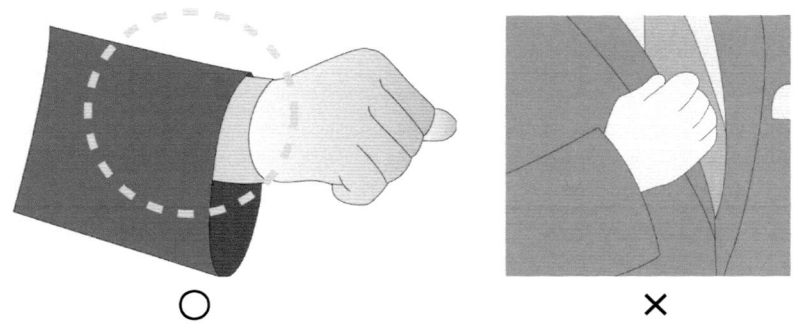

○   ✕

〈그림 4〉 남성의 셔츠 착용

않아야 한다. 너무 큰 셔츠는 슈트의 선을 망치게 된다. 셔츠의 길이는 허리 아래로 적어도 15㎝ 정도 내려와야 하는데 그래야만 움직일 때 셔츠가 밖으로 나오지 않는다. 반대로 너무 길면 하의의 앞부분이 불룩해져 보기 흉하게 된다. 셔츠 안에는 속옷을 입지 않는 것이 원칙이나 만일 입는다면 무늬와 색이 없는 흰색이 좋다. 칼라와 소매 끝은 깨끗해야 하며, 단추가 잘 달려 있어야 한다.

타이(tie)는 슈트 및 셔츠와 조화되는 것으로 선택한다. 단색의 슈트를 착용한다면 셔츠는 스트라이프 간격이 좁고 가는 것으로 고르고 타이는 심플한 것이 어울린다. 감색 슈트라면 화이트 셔츠에 붉은색 계열의 타이로 포인트를 주면 무난하다. 타이의 길이는 하의의 허리벨트 버클을 완전히 덮지 않을 정도가 적당하다. 타이는 실크직물로 된 것을 착용하되 얼룩이나 구김이 없도록 해야 한다.

정장용 구두는 슈트와 비슷한 계열의 색상으로 대개 흑색이나 갈색이 무난하다. 구두도 비즈니스 복장의 일부이므로 항상 청결을 유지해야 한다. 구두의 굽 상태를 자주 확인한다. 양말은 슈트와 구두의 색상과 맞추어 선택한다. 비즈니스 슈트에 흰색의 면양말은 신지 않도록 하며, 다리의 맨살이 보이지 않도록 목이 긴 양말을 신어야 한다. 많은 직장인들이 출근하여 슬리퍼로 바꾸어 신는 경우가 있는데, 자칫 거슬려 보이기 쉬우니 각별히 유념해야 한다. 사내를 다닐 때는 구두로 갈아 신고 다니는 것이 바람직하다. 구두는 두 켤레 이상을 준비하여 번갈아 신는 것이 잘 관리하면서 오래 신는 방법이 된다.

서류가방은 정장에 어울리는 스타일을 선택한다. 구두와 마찬가지로 해어지거나 닳은 곳이 없어야 한다. 가방의 외관에 요란한 장식품을 부착하지 않도록 하며, 너무 크고 불룩 튀어나온 가방은 일을 싸 들고 다니는 사람이라는 인상을 주기 쉬우므로 보기에 가벼운 것을 선택한다.

그 밖에 만년필, 타이 핀, 커프스, 명함지갑, 열쇠고리, 안경, PDA 등 소품에도 신경을 쓰는 것이 좋다. 예를 들어 타이와 슈트를 돋보이게 하는 타이 핀, 커프스단추를 맞추어 코디하면 세련된 멋을 표현할 수 있다. 자신의 이미지를 대변하는 소품은 상대가 그 소품을 볼 때마다 자신을 기억하게 만드는 연상을 통한 이미지 강화 효과도 얻을 수 있게 한다.

Plus Manner – 남성용 비즈니스 슈트 구입 시 고려할 점

◎ 상의의 적당한 어깨 너비는 어깨의 끝에서 바닥으로 수직선을 그었을 때 팔이 선 밖으로 튀어나오지 않을 정도이다.

◎ 상의의 단추를 채웠을 때 가슴 부위는 앞단추와 가슴이 맞닿은 부분을 앞으로 당겨서 주먹 하나가 들어갈 정도의 편안한 느낌으로 여유가 있어야 하며, 단추를 채운 채 앉아도 불편하지 않아야 한다.

◎ 상의의 소매둘레가 좁을 때는 너무 꼭 맞아서 입었을 때 불편해 활동적이지 못하다. 반대로 소매둘레가 너무 넓을 때는 팔을 높이 들기가 어려워진다.

◎ 상의의 길이는 원래 엉덩이 부위의 굴곡을 가릴 만큼 길어야 한다. 그러나 이만큼 길게 입지 않는 이유는 상의가 짧을수록 다리가 길어 보이기 때문이다. 상의의 길이를 2.5㎝ 이상 늘이거나 줄이게 되면 주머니의 위치가 균형을 잃게 된다. 또한 상의 앞 기장은 뒤보다 1.5㎝ 정도 길어야 한다. 대개 상의의 소매는 엄지 끝에서 8~10㎝ 정도 위에 있어야 한다.

◎ 하의의 길이는 구두 굽의 2분의 10이나 3분의 1 정도를 덮는 길이가 적당하다. 기본적으로 걸을 때 양말이 보이지 않아야 한다. 밑단을 접는 카브라 방식은 키를 더 작아 보이게 하므로 선택에 신중을 기해야 한다.

Plus Manner – 남성용 타이 구입 시 고려할 점

◎ 남성에게 있어 적당한 타이의 너비는 약 8.5㎝ 정도지만, 유행에 따라 7㎝에서 9㎝까지 변화한다. 단 타이의 너비가 너무 넓으면 매듭이 커서 셔츠의 칼라를 벌어지게 하며, 너무 작으면 타이가 칼라의 주위에서 겉돌게 된다.

◎ 타이의 길이는 대개 132～147㎝ 정도이지만 키가 큰 사람에게는 더 긴 타이가 필요하다. 타이를 맨 후 타이의 길이는 두 개의 끝이 서로 같거나 뒤쪽의 것이 짧아야 한다.

◎ 타이의 모양과 함께 타이의 질감도 중요하다. 실크로 만든 타이가 감촉이 거칠다면 그것은 질이 좋지 않은 실크로 만들어진 것이다. 부드럽지 않은 실크는 염색이 잘되지 않고 잘 부서지며 빨리 해져 버린다.

◎ 좋은 타이는 언제나 바이어스(Bias)로 재단된다. 그렇게 해야 셔츠의 목둘레에서 타이가 꼬이지 않으며 매듭이 잘 매어진다. 타이가 바이어스로 재단되었는지 알고 싶으면 타이의 끝이 좁은 쪽을 위로 들고 늘어뜨려 보아 타이가 꼬이는지 똑바로 매달리는지 살펴본다. 만약 꼬인다면 좋은 타이가 아니다. 원래 타이는 풍성함을 주기 위해 커다란 실크 천에서 재단되어 7번 접어서 만들었지만 오늘날에는 덧댄 안감으로 풍성함을 대신한다. 또한 안감은 타이의 모양을 유지시켜 주는데, 좋은 안감은 원래 울(Wool) 100%이며, 혼방인 경우에도 울의 함량이 많을수록 좋다.

◎ **회의 참석**

회의에 참석할 때는 건실하고 능력 있는 사람으로 보일 필요가 있다. 중역회의와 같이 특별히 격식을 갖추어야 할 자리라면 스트라이프의 회색 슈트에 붉은색 계열의 타이로 연출하여 고급스러우면서도 지적인 면을 한결 부각시킬 수 있다. 자신감과 신뢰감을 얻을 수 있는 복장은 감색이나 회색의 슈트이다. 여기에 흰색이나 연한 핑크색 드레스 셔츠를 입고, 크게 두드러지지 않는 타이를 매면 부드러운 인상을 남길 수 있다.

◎ **고객 상담**

고객과 만날 경우에는 신뢰감과 더불어 친근하고 부드러운 느낌을 주어야 한다. 이러한 느낌을 가장 많이 줄 수 있는 것은 감색이나 연한 회색의 슈트이다. 나이가 젊은 경우에는 다소 보수적인 느낌을 줄 수 있는 감색이나 회색 줄무늬 슈트 그리고 색이 있는 셔츠에 줄무늬 타이가 제격이다. 줄무늬가 있는 짙은 감색 슈트는 보수적인 사람과 만날 때 적당하다. 짙은 색의 슈트에 다소 화려해 보이는 타이를 맨 차림도 세련된 비즈니스맨이라는 인상을 줄 수 있다.

◎ **출장**

업무상 출장을 갈 때는 회사를 대표하는 사람으로서 신뢰감과 확신을 주는 이미지가 중요하다. 출장을 갈 때는 출장의 목적, 출장지에서 만날 사람과 장소, 상황에 따라 복장을 갖춰야 한다. 슈트 외에도 편안한 시간에 입을 캐주얼웨어로 칼라가 있는 셔츠, 면바지 그리고 카디건이나 스웨터를 갖추는 것이 필요하다. 또한 블레이저는 정장으로도 입을 수 있고, 평상복으로도 입을 수 있으므로 효과적이다. 블레이저 안에 편안한 남방과 니트 스웨터를 겹쳐 입고 면바지나 코르덴바지를 입어도 세련되어 보인다.

◎ **프레젠테이션**

프레젠테이션을 진행할 때는 여러 사람의 시선을 동시에 받으며 자신의 뜻을 관철시켜야 하므로 신뢰의 이미지를 주는 복장이 중요하다. 흰색 셔츠는 컬러 셔츠보다 신뢰감과 성실도, 업무능력이 부각되어 보이고 어떤 타이와도 잘 어울리기 때문에 필수 아이템이다. 액세서리는 모던한 느낌을 주는 것이 적합하다. 광택이 나거나 화려한 색의 액세서리는 반드시 피해야 한다. 이는 빔 프로젝터의 빛에 반사될 염려가 있고, 발표 내용에 집중되어야 할 시선이 분산될 수 있기 때문이다.

○ 여성의 복장

여성의 슈트(suit)는 감색, 회색, 흑색의 바지정장이나 치마정장이 한 벌로 선호된다. 슈트의 상의가 너무 몸에 꼭 맞으면 활동하기에 불편하므로 선택할 때 주의한다. 치마의 길이는 유행에 따라 변화가 많지만 너무 짧거나 길지 않은 무릎 바로 아래 정도의 길이가 신뢰감을 준다. 슈트를 구입할 때 소재와 착용감, 실루엣에 중점을 두고 선택해야 오랫동안 후회하지 않을 수 있다.

상의 안에 입는 블라우스는 지나치게 장식이 많은 것보다는 간결한 디자인이 적당하다. 잘 다려진 흰색 셔츠블라우스는 그 어느 옷보다도 세련되게 보이며, 어떤 색상의 스카프와도 잘 어울린다.

구두는 의복의 색상보다 짙은 것이 기본적으로 안정감을 준다. 대개 흑색이나 갈색 구두를 청결하게 관리해서 신는다. 업무를 수행하는 중 슬리퍼를 신고 다니거나 지나치게 소리를 내며 걷는 일이 없도록 한다. 사내라고 해도 사무실을 벗어날 때는 구두로 갈아 신고 다니는 것이 자신의 품위 유지에 좋다. 굽이 닳은 구두는 수선해서 신도록 한다. 발이 편하다고 구두끈을 느슨하게 풀어 놓는 것은 매너에 어긋나는 행동이다. 또한 지나치게 높은 굽으로 인해 걸음걸이에 불편을 느낄 경우 일의 능률도 저하되므로 삼가는 것이 좋다. 구두를 두 켤레 준비하여 번갈아 신는 것이 세련되게 오래 신는 방법이다. 유행을 타는 캐주얼화는 피하는 것이 좋다. 스타킹은 피부색과 유사하거나 약간 어두운 것을 선택한다. 여름에도 스타킹을 신도록 하며, 올이 손상되지 않도록 주의한다. 사무실 서랍에 항상 여분의 스타킹을 준비해 놓는 것이 좋다.

자신의 이미지 메이킹을 완성하려고 할 때 무엇보다 중요한 것이 액세서리의 활용이다. 지나치게 커서 타인의 시선을 자극할 정도의 액세서리는 삼간다. 간결한 액세서리로 활동적인 모습을 보이는 것이 상급자나 동료들에게 호감을 주게 됨을 유념하고, 가급적이면 근무시간에는 화려하거나 사치스러운 액세서리는 피하도록 한다. 슈트와 어울리는 패턴과 컬러의 스카프는 옷차림을 완성할 수 있는 아이템이다. 가방을 구두의 컬러와 맞추어 착용하는 것도 기본적인 액세서리의 선택 방법이다.

근무복으로 슈트를 대신해 투피스나 심플한 원피스를 착용해도 무난하지만 너무 유행에 치우친 것은 삼간다. 지나치게 장식이 많은 아이템보다는 단정하면서 깔끔한 스타일을 선택한다. 자신의 이미지는 자신의 일을 성공적으로 이끄는 요인이 된다. 직장인이라면 업무 능력에 신뢰성을 심어 주는 복장을 바탕으로 개성을 표현하는 것이 좋다.

◎ **자신은 회사를 대표한다.**

외부 사람들을 대할 때, 자신의 복장은 소속한 회사를 반영한다.

◎ **복장이 자신의 일을 대변한다.**

복장은 자신이 무슨 일을 하고 있는지를 알리고 일을 맡길 만한 사람임을 보여 준다.

◎ **T · P · O에 맞는 복장을 한다.**

시간과 장소 그리고 그 상황에서 자신의 역할에 맞는 복장을 착용한다.

◎ **자신에게 어울려야 한다.**

유행만을 따르거나 지나치게 튀지 않는 복장으로 자신에게 어울리는 것을 선택한다.

◎ **단정하고 깨끗해야 한다.**

단정하고 깨끗하지 않은 복장은 자칫 바람직하지 못한 습관으로 보이게 된다.

◎ 주가 되는 슈트의 색

○ 감색은 신뢰와 긍정적인 이미지를 주는 컬러로 상대방에게 자신의 의지와 신뢰를 보여 주고 싶을 때 입으면 좋다. 흑색에 비해 강하지 않아 면접 시 적합한 색이다.
○ 회색은 비즈니스 복장으로 가장 안정적이고 신뢰감을 주는 컬러이다. 회색은 지적인 위엄과 세련된 분위기를 연출하여 스마트한 이미지를 심어 준다.
○ 흑색은 권위와 결단성을 보여 주는 컬러이다. 모든 컬러와 잘 어울리고 코디하기 쉬우며 포인트 컬러와 매치하면 다양한 분위기를 연출할 수 있다.

◎ 부가 되는 포인트 색

○ 빨간색은 정열과 자신감의 에너지를 표현하는 컬러로 자신의 발언권을 강하게 부각하고 싶을 때 집중하게 만든다.
○ 와인색은 권위를 나타내며, 동양에서는 기품이 있는 컬러이다. 여성의 와인색 블라우스는 우아함을 보여 주는 데 효과적이다.
○ 노란색은 발랄하며 활동성 있게 시선을 끄는 컬러로 주위 사람들에게 주목받고 싶을 때 선택하면 좋다. 특히 골드색의 경우 감색이나 흑색 슈트에 블라우스로 포인트를 주면 신뢰감을 줄 수 있다.
○ 흰색은 정직과 깨끗함을 강조하는 컬러이다. 어두운 컬러와 매치하여 포인트를 주는 것이 선명함과 세련됨을 돋보이게 한다.

머쉬룸 M(2009. 12. 1.)

다음의 상황별로 자신에게 어울리는 스타일을 계획해서 이미지 메이킹을 해 봅시다.

◎ MUSIC FESTIVAL

◎ BIRTHDAY PARTY

◎ SPORT STADIUM

◎ ROMANTIC DATE

③ 자세

바른 자세는 다른 사람들에게 나에 대한 신뢰감을 심어 준다. 자세가 곧은 사람은 건전해 보이고 자신감이 있어 보이기 때문이다. 자세는 습관이므로 바른 자세를 유지하면 편안하고 좋은 인상을 갖게 할 수 있다.

짧은 시간 내에 오랫동안 습관으로 굳어진 자세를 고친다는 것은 어렵지만 고쳐야 할 점을 인식하고 반드시 고치려고 노력한다면 변화될 수 있다. 사람이 바른 자세를 습관화하기까지는 적어도 15일 정도의 시간이 필요하다고 한다. 15일 동안 의식적으로 노력한다면 건강하게 변화된 자신과 나를 향한 주위로부터의 신뢰감을 느낄 수 있게 될 것이다.

○ 선 자세

공식적인 행사에 참석할 때, 직장 내에서 상급자를 대할 때, 손님을 마중하거나 배웅할 때는 등을 꼿꼿이 펴서 몸의 중심을 바르게 하여 서는 자세를 취한다. 이때 어깨를 수평이 되게 반듯하게 해서 앞으로 굽히거나 뒤로 젖히지 않도록 한다. 가슴은 의도적으로 내밀거나 뒤로 젖히지 말고 자연스럽게 편다. 아랫배는 힘을 주어 안으로 밀어 넣는다. 무릎, 엉덩이, 허리는 곧게 편다. 머리는 반듯하게 들고, 턱은 자연스럽게 당긴다. 눈은 단정히 하여 시선은 정면을 향하도록 하고, 만일 상대를 대면할 때는 상대의 미간을 자연스럽게 바라본다. 입은 지그시 다문다. 손은 달걀을 가볍게 쥔 모양으로 하의의 옆 재봉 선에 가지런하게 붙인다. 두 다리는 모으고, 발의 뒤꿈치는 붙이되 발의 앞부분은 약간 옆으로 벌려 V 자 모양으로 선다. 체중을 두 다리에 고르게 두어 한쪽으로 기울지 않게 한다. 선 자세에서도 밝고 부드러운 표정을 짓도록 하며 숨소리는 침착하고 고르게 유지한다.

◎ 족용중(足容重): 발의 움직임은 신중하게

◎ 수용공(手容恭): 손의 자세는 공손하게

◎ 목용단(目容端): 눈의 모습은 단정하게

◎ 구용지(口容止): 입은 살며시 다물고

◎ 성용정(聲容靜): 음성은 고요하고 맑게

◎ 두용직(頭容直): 머리의 자세는 곧게

◎ 기용숙(氣容肅): 기운은 숙연하게

◎ 입용덕(立容德): 서 있는 모습은 덕이 있게

◎ 색용장(色容莊): 안색은 가지런하게

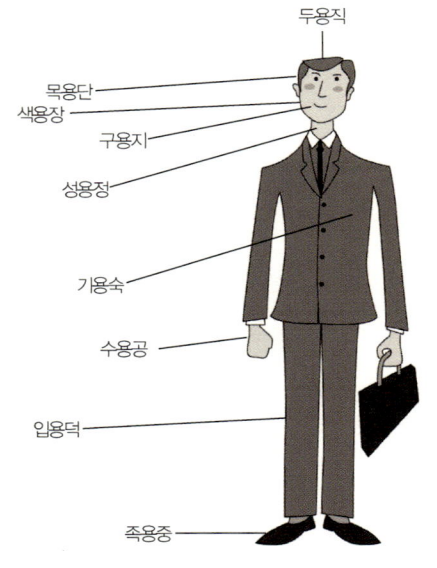

○ 앉는 자세

테이블이 있는 의자에 앉을 때는 왼쪽에서부터 앉는 것을 원칙으로 하지만 의자가 놓인 위치에 따라 달리 앉을 수 있다. 만일 큰 가방을 소지한 경우 의자의 오른쪽 아래 바닥에 놓고 테이블 위에는 가방을 올려놓지 않도록 한다. 앉을 때는 의자 가운데 엉덩이를 의자 깊숙이 하여 앉는다. 이때 옷의 뒷부분이 구겨지거나 접히지 않도록 주의한다. 등과 허리는 곧게 편다. 앉을 때 몸을 너무 앞으로 당겨 앉으면 초조해 보이는 반면 너무 뒤로 젖혀 앉으면 거만해 보일 수 있다. 무릎은 가지런히 붙이며 다리를 의자 밑으로 넣지 않도록 한다. 발끝은 정면을 향하게 한다. 다른 사람이 테이블 아래를 보지 않는다고 하여 신발을 벗거나 구겨 신지 않도록 한다. 두 손은 무릎 위에 가지런히 놓으며 의자 등받이에 손이나 팔을 올려놓지 않도록 한다. 일어날 때는 왼쪽으로 나온 후 의자를 테이블 밑으로 밀어 넣는다.

바닥에 놓인 방석 위에 앉을 때는 방석을 밟지 말고, 방석을 두 손으로 무릎 아래로 끌어당긴 후 그 위에 앉는다. 방석의 끝이나 옆에 걸쳐 앉지 않는다. 방석의 중앙에 여성은 두 발을 한쪽으로 빼서 엉덩이를 바닥에 붙이고 앉고, 남성은 책상다리로 앉는다. 앉을 때 주변의 벽이나 가구 등에 기대지 말며, 손을 바닥에 대고 비스듬히 앉지 않는다. 옷이 앉은 주위에 넓게 펼쳐지지 않도록 유의한다. 일어날 때는 무릎을 세우고 두 손으로 방석을 앞으로 민 후 일어나 방석을 제자리에 가져다 놓는다.

○ 걷는 자세

실외에서 걸을 때는 몸에 중심을 잡고, 양팔은 자연스럽게 앞뒤로 움직인다. 지나치게 큰 발소리, 신발 끄는 소리가 나지 않도록 한다. 시선은 자기의 키 2~3배 앞에 둔다. 주위 사람을 신경 쓰지 않고 바닥만을 보면서 걷지 않도록 한다. 계단을 걸어 올라갈 때 짧은 치마나 바지를 입은 경우 속옷이 보이지 않도록 주의를 한다. 다른 사람의 앞을 가로질러 지나야 하는 경우에는 "실례합니다.", "미안합니다." 등으로 양해를 구한다. 만일 다른 사람과 부딪친 경우에는 반드시 "죄송합니다."라고 말한다.

실내에서는 실외에서보다 보폭을 좁게 한다. 복도에서 발자국 소리가 크게 나지 않게 걷는다. 어깨는 수평을 유지하고 팔은 자연스럽게 앞뒤로 움직인다. 뒷짐을 지고 거만한 자세로 걷지 않도록 한다.

상급자를 수행하며 걸을 때는 상급자가 서 있는 자리를 상석(上席)인 북쪽으로 간주한다. 수행하는 사람은 상급자의 오른쪽 2~3보 뒤에서 걷는다. 여러 명이 수행할 때는 상급자를 기준으로 제1 수행자가 오른쪽, 제2 수행자가 왼쪽 뒤에서 걷는다.

〈그림 5〉 1명이 수행하는 경우   〈그림 6〉 2명이 수행하는 경우

◎ 앞쪽과 뒤쪽 중에서는 앞쪽이 상석이다.

◎ 중앙과 양단 중에서는 중앙이 상석이다.

◎ 북쪽과 남쪽 중에서는 북쪽이 상석이다.

◎ 높은 곳과 낮은 곳 중에서는 높은 곳이 상석이다.

◎ 입구의 반대쪽인 안쪽이 상석이다.

○ 안내하는 자세

손님에게 방향에 대한 안내를 할 때는 시선의 처리가 중요하다. 손님이 다가올 때 먼저 그의 눈을 바라보며, 손님의 질문에 경청한다. 질문을 듣고 난 뒤 손님과 시선을 교차하며 안내할 목적지 방향을 향해 손가락을 가지런히 모아 손바닥 전체로 방향을 가리킨다. 이때 손은 너무 힘을 주면서 칼날처럼 곧게 펴는 것이 아니라 물 한 방울을 담고 있는 듯 살짝 힘을 빼고 둥그렇게 손을 모은다. 우측을 가리킬 경우에는 오른손을, 좌측을 가리킬 경우에는 왼손을 사용하되 손등이 아니라 손바닥을 위로 보이도록 해서 방향을 안내한다. 뒤쪽에 있는 방향을 가리킬 경우 몸을 돌려 오른쪽 뒤는 왼손을, 왼쪽 뒤는 오른손을 대각선으로 교차하여 방향을 가리킨다. 같은 방향이라 할지라도 거리의 정도에 따라 가까운 거리와 먼 거리를 안내할 때가 있다. 가까운 거리를 안내할 때는 팔꿈치를 구부리고, 먼 거리는 팔을 좀 더 펴서 방향을 가리킨다. 만일 안내하는 곳의 거리가 멀거나 방향전환이 복잡한 경우 중간 목표물을 설정해서 이정표를 삼아 안내하는 것이 효과적이다.

손님을 직접 목적지까지 안내하는 경우 손님이 복도의 중앙에서 걷도록 하며, 자신은 손님의 시야를 가로막지 않도록 손님의 오른쪽 2~3보 앞에서 걷는다. 혼자서만 빠른 걸음으로 걷지 말고 손님과 보조를 맞추어 걸으며 안내한다. 안내하는 중 계단을 올라가고 내려갈 때도 손님의 오른쪽 2~3계단 앞에서 안내한다. 목적지의 위치를 가리킬 때도 손가락을 가지런히 모아 손바닥 전체를 펴서 위치를 가리킨다. 방향이 바뀔 때는 "이쪽입니다."라고 언급을 하며, 목적지에 도착하면 "여기가 ○○○입니다."라고 도착지를 확인해 드린다.

손님을 안내하는 중 엘리베이터를 함께 이용하는 경우 이미 가는 곳의 방향을 잘 알고 있는 손님이라면 손님이 먼저 엘리베이터를 타고 내리도록 한다. 그러나 처음 방문한 손님은 내가 방향을 안내한다는 것을 기준으로 보고 탈 때는 손님이 먼저 타도록 내가 밖에서 버튼을 누르고 기다리고, 내릴 때는 내가 먼저 내려 밖에서 버튼을 누르고 기다렸다가 손님이 내리면 곧 가는 곳의 방향을 안내한다.

○ 출입하는 자세

사무실 문으로 들어가고자 할 때는 열기 전 노크를 한다. 문을 열고 닫을 때는 반드시 손을 사용해야 한다. 발, 어깨, 등, 엉덩이, 머리 등을 사용하여 문을 열거나 밀지 않도록 한다. 여닫이문을 열 때는 열리는 쪽을 막지 않는 위치, 즉 돌쩌귀가 있는 쪽에서 연다. 손잡이를 오른손으로 잡고 열리는 쪽으로 돌려 자기 몸이 들어갈 정도로 열고 들어선다. 문을 닫을 때는 문 쪽으로 서서 문에 가까운 왼손으로 손잡이를 잡고 닫는다. 양손에 물건을 들었을 때는 물건을 잠시 내려놓고 문을 열고 닫는다.

다른 사람들과 함께 여닫이문으로 출입할 때 내 쪽으로 당겨야 하는 여닫이문은 손잡이를 잡아당겨 상급자나 연장자가 먼저 들어가도록 한다. 밀어서 들어가는 여닫이문은 내가 먼저 들어가 손잡이를 잡고 상급자나 연장자가 들어오도록 배려한다.

여닫이문에 출입하고 있는 사람의 앞을 갑자기 가로질러 가지 않도록 한다. 여닫이문에 계속적으로 사람들이 출입할 때는 다음 사람이 지나갈 수 있도록 문을 잠깐 잡아 주도록 한다.

○ 물건 수수하는 자세

물건은 두 손으로 다루는 것을 원칙으로 한다. 크기가 작은 물건일 경우에는 한 손을 밑에 가볍게 받친다. 물건을 건네는 위치는 가슴부터 허리의 사이가 되도록 한다. 상대가 앉아 있을 때는 앉아 있는 높이에서, 서 있을 때는 서 있는 높이에서 상대의 손 위치를 감안하여 물건을 주고받는다.

물건을 수수할 때는 소리가 나지 않고 상하지 않게 다룬다. 특히 물건의 위와 아래, 겉과 속이 바뀌지 않게, 흔들리지 않고 쏟아지지 않게 다룬다. 손잡이가 있는 물건은 주고받을 때 손잡이를 든다. 특히 위험한 물건(예: 가위, 칼, 송곳, 펜, 스테이플러 등)은 손잡이를 잡아야 하며, 상대에게 건넬 때는 상대가 손잡이를 잡기에 편하도록 해야 한다. 신문, 책, 만년필, 서류 등 방향이 있는 물건은 상대가 바로 볼 수 있도록 건넨다.

◎ 승용차는 기사가 있는 경우와 자가 운전인 경우 상석의 위치가 달라지므로 주의해야 한다. 운전기사가 있는 경우 운전기사의 자리로부터 대각선 방향의 뒷좌석이 상석이며, 자가 운전인 경우 운전기사 옆 자리가 상석이다.

◎ 남성과 여성이 함께 탑승할 경우 여성을 상석에 앉도록 배려한다. 부득이하게 3명이 모두 뒷자리에 탑승할 경우 여성을 가운데 앉게 하지 않는다.

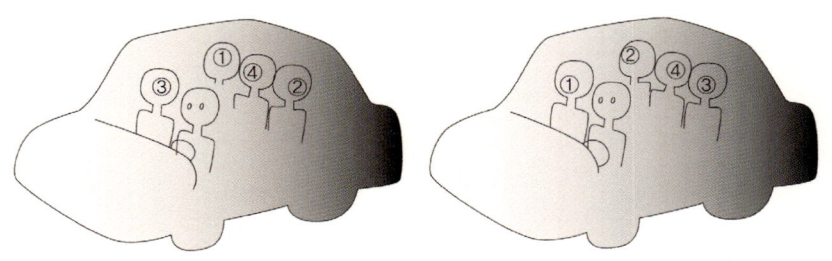

운전기사가 있는 경우   자가운전인 경우

④ 인사 매너

우리가 사람을 만났을 때 제일 먼저 하는 행동은 대개 고개를 숙여 인사를 하거나 악수를 하기 위해 손을 내미는 것이다.

인사 매너는 좋은 인간관계를 만드는 첫걸음이다. 인사를 잘하고 못하는 것으로 사람의 됨됨이를 가늠할 정도로 인사는 중요하게 여겨진다. 물론 인사는 받는 사람만의 기쁨이 아니라, 인사를 하는 사람도 기분 좋은 일이 되어야 한다.

인사가 지닌 사전적인 의미를 살펴보면 첫째, 인사는 상대를 향해 경의를 표하는 겸손의 행동이며, 둘째, 처음 만난 사이에 서로 이름을 주고받으며 소개를 하는 사교의 행동이다. 셋째, 상대의 안부를 묻거나 축하 혹은 위로를 표하는 친애의 행동이며, 넷째, 감사의 마음을 전하는 답례의 행동이다.

남녀노소와 장소를 불문하고 마음과 마음을 열고 소통할 수 있는 인사행동은 인간관계의 시작이 된다. 사람을 감동시키고, 긍정의 에너지를 만들고, 사람의 마음을 얻고, 따뜻한 인간관계를 형성할 수 있는 것이 인사의 가장 좋은 점이다.

인사는 마음속에서 우러나오는 감정이 겉으로 드러나는 형식에 복합되어 상대에게 전달되기 때문에 인사를 하는 사람은 스스로의 마음에 정중함과 성의를 담아야 한다. 아울러 인사는 상대에게 경의를 전달하는 행동이므로 형식을 제대로 갖추지 않을 경우 오히려 결례가 된다. 따라서 인사를 할 때는 행동의 방식 또한 중요하다.

○ 경례(敬禮)

경례의 방법 가운데 큰경례는 가장 정중한 인사로 의식행사, 즉 입학식, 졸업식, 시상식, 신년하례식, 종무식, 경조사 예식에서 행하는 경례이다. 바로 선 자세에서 상대를 향해 머리와 상체를 약 45도 정도 숙여 천천히 인사한다. 평경례는 일상적으로 많이 행해지는 인사이다. 아랫사람이 상급자나 연장자를 향해 바로 선 자세에서 머리와 상체를 약 30도 정도 숙여 인사한다. 반경례는

평경례를 한 아랫사람에 대해 상급자나 연장자가 답례를 하는 인사로 머리와
상체를 약 15도 정도 숙여 인사한다.

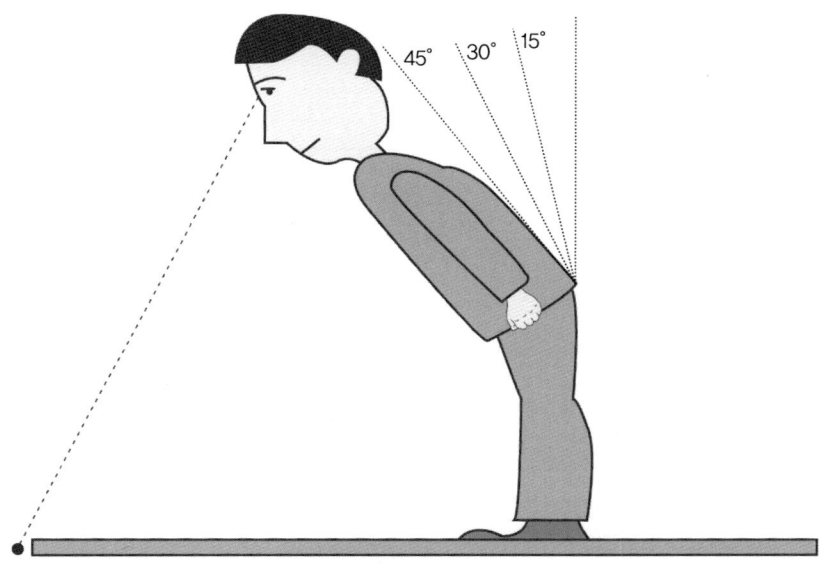

〈그림 7〉 경례의 각도

◎ 평경례는 주저하는 일이 없이 항상 내가 먼저 한다는 마음을 갖는다.

◎ 바르게 서서 상대를 바라본다. 이때 손은 달걀을 가볍게 쥔 모양으로 하의 옆 재봉 선에 자연스럽게 붙이거나 앞으로 모아 공수(拱手)를 한다.

◎ 상대를 향해 머리와 상체를 약 30도 정도 숙인다. 시선도 아래로 하여 잠시 멈춘 후 머리와 상체를 든다.

◎ 상대와 시선을 맞추고 미소를 짓는다. 인사말을 할 때는 밝은 목소리로 또렷하게 한다.

◎ 고개만 까딱 움직이는 경례는 경망스러워 보인다.

◎ 아무런 동작 없이 말로만 하는 경례는 가벼워 보인다.

◎ 망설이다가 하게 되는 경례는 효과가 없다.

◎ 표정 없이 무뚝뚝한 경례는 상대를 기분 나쁘게 한다.

◎ 뛰면서 스쳐 가는 경례는 무례한 행동으로 기억된다.

◎ 마음이 담기지 않은 형식적인 경례는 안 하는 것만 못하다.

◎ 아쉬울 때만 경례를 하는 것은 진실성을 의심받게 된다.

○ 목례(目禮)

목례는 상대에게 눈과 미소로 가볍게 머리와 상체를 약 5도 정도 숙여 인사하는 것이다. 목례를 할 때 인사말은 생략할 수도 있다. 목례의 인사속도는 마음속으로 하나를 세면서 숙이고 둘에 고개를 든다. 목례는 선 자세, 걷는 자세, 앉은 자세 등 어떠한 자세에서든 적용이 가능한 인사행동이다.

예를 들어 출근 시 로비에서 동료를 만났을 때, 복도나 실내에서 같은 사람을 자주 만날 때, 엘리베이터나 회의실과 같은 조용한 장소에서 다른 사람과 눈이 마주쳤을 때, 만나기로 한 상대가 전화를 받거나 다른 사람과 대화 중일 때, 식당에서 다른 사람들과 식사를 하는 중일 때, 화장실에서 만났을 때는 목례로 인사를 행한다.

○ 악수(握手)

악수는 친애, 감사, 화해의 뜻을 표하는 인사행동으로 비즈니스 상황에서 사람들 간 친분을 나타내는 사교 활동의 일환이다.

비즈니스 상황에서는 대등하면서도 정중한 자세를 갖추어 악수한다. 악수는 서로 마주 일어서서 허리를 곧게 펴고, 상대를 자연스럽게 바라보며 행한다. 단 우리나라에서는 상급자나 연장자와 악수하는 경우 고개를 약간 숙여 경의를 표하기도 한다. 그러나 악수를 할 때 과도하게 허리를 굽히거나 저자세의 행동은 하지 않도록 한다.

왼손잡이라도 원칙적으로는 오른손으로 악수를 한다. 오른쪽 팔꿈치를 직각으로 굽혀 손을 자기 몸의 중앙이 되게 수평으로 올린 후 상대의 엄지손가락과 교차해 서로 손바닥을 맞대어 잡고 가볍게 상하로 3~4번 정도 흔든다. 악수를 할 때는 상대가 아프게 느낄 정도로 힘을 주어도 안 되고 반대로 손을 너무 느슨하게 잡는 것도 상대에 대한 실례이다. 악수를 할 때 잡은 손을 지나치게 흔들어 몸이 흔들려서도 안 되며, 악수를 하면서 너무 오래 손을 잡고 있지 않도록 한다. 의식행사를 제외하고는 장갑을 낀 채 악수하지 않는다. 특히 방한용 혹은 작업용 장갑은 벗고 악수를 해야 한다. 뒷짐을 지거나 주머니에 왼손을 넣은 채로 악수를 하지 않도록 주의한다.

악수는 연장자가 연하자에게, 상급자가 하급자에게, 선배가 후배에게, 여성이 남성에게 먼저 청한다. 단 국가원수, 성직자의 경우는 예외로 이들이 악수를 먼저 청하면 그에 응한다.

◎ **장갑형**(glove) **악수**

두 손으로 붙잡고 하는 악수형태로 아무리 반갑다고 할지라도 이 같은 장갑악수는 매너가 아니다. 서양에서는 이렇게 악수하는 사람을 아예 피하고 경계한다.

◎ **죽은 물고기**(dead fish) **악수**

죽은 물고기를 만지듯 힘없이 상대의 손을 슬쩍 잡고 행하는 악수이다. 무성의하게 보이고 힘도 없게 느껴져 상대방까지 기운 빠지게 만든다.

◎ **파워레인저**(powerranger) **악수**

폭력에 가까울 정도로 무지막지하게 손을 흔들어 상대를 당혹스럽게 하는 과격한 악수이다.

김성회(2008)

◎ **누군가를 만날 때마다 인사를 해야 하는가 고민이 된다면?**

처음 만났을 때는 정중하면서도 밝고 명랑하게 평경례를 하고, 다시 만나게 될 때는 미소로 목례를 하는 것이 좋다.

◎ **걷고 있는 중 복도에서 상급자와 만나게 되었을 때?**

1-2m 정도의 지점에 이르렀을 때 상급자를 향해 바로 선 자세에서 인사를 한다. 인사를 하고 난 후 상급자가 지나간 후에 다시 움직이도록 한다.

◎ **계단에서 상대와 인사를 할 때는?**

상대가 연장자나 상급자일 경우 위에서는 인사를 하지 않고, 서로가 같은 높이의 계단 위치에 서게 되면 인사한다.

◎ **앉아서 인사하는 것이 실례인가요?**

기본적으로는 일어나 자세를 갖추고 인사를 하는 것이 좋으나 부득이하게 전화를 받거나 작업 중일 때는 앉은 자세에서 목례를 행한다.

◎ **인사는 아랫사람이 먼저?**

위아래 구별 없이 먼저 본 쪽에서부터 인사를 하는 것이 좋다. 오히려 인사할 타이밍(timing)을 놓쳐 서로가 어색한 상황이 벌어지지 않도록 해야 한다.

◎ **화장실에서도 꼭 인사를 해야 하나요?**

화장실에서 인사는 하지 않아도 되지만 눈이 마주친 경우에는 목례를 한다.

○ 배례(拜禮)

상대에게 절로써 예를 표하는 배례는 공경을 나타내는 우리 고유의 인사행동이 되어 왔다. 이는 우리 민족의 감정표현, 생활습관, 의복차림 등에 알맞게 형성되어 전해 내려온 인사방법이다. 한자의 배(拜)는 손을 맞잡은 곳까지 머리를 숙여 손에 따른다는 의미가 담겨 있으며, 예(禮)를 행해야 할 때 머뭇거리지 않고 바로 행동한다는 뜻을 갖고 있다. 또한 배(拜)는 양수(兩手)에까지 머리를 숙인다는 공경의 뜻을 지니고 있기도 하다.

배례는 큰절과 평절로 나뉜다. 큰절은 성년례(관례, 계례)를 행할 때, 혼례에서 절을 행할 때, 생신을 기념하는 수연례(壽宴禮)를 행할 때, 문상을 가서 영전에 예를 행할 때, 제례에서 신위에 예를 행할 때 큰경례와 같은 의미로 행해진다. 반면 평절은 연장자에게 세배를 드리거나 문안 인사를 행할 때, 맞절을 해야 하는 사람과 서로 예를 행할 때, 문상에서 상주와 인사의 예를 행할 때 평경례와 같은 의미로 행해진다.

◎ **큰절**

① 웃어른을 향해 바르게 서서 공수한다. 평상시에는 왼손을 위로, 흉사 시에는 오른손을 위로 하여 맞잡는다.
② 공수한 손을 눈높이에 올린다.
③ 허리를 굽혀 공수한 손을 바닥에 댄다.
④ 먼저 왼쪽 무릎을 꿇고 다음으로 오른쪽 무릎을 왼쪽 무릎과 나란히 꿇고 엉덩이를 안착한다.
⑤ 팔꿈치는 바닥에 붙이며 머리를 숙여 이마를 손등에 닿도록 하여 천천히 머문다.
⑥ 일어설 때는 머리를 들면서 팔꿈치를 바닥에서 뗀다. 오른쪽 무릎을 세운 후 공수한 손을 오른쪽 무릎에 가볍게 얹으면서 일어나 왼쪽 발을 오른쪽 발과 가지런히 모은다.
⑦ ②~⑥번까지 다시 반복한 후 바로 선 자세에서 공수한다.

◎ **평절**

① 웃어른을 향해 바르게 서서 공수한다.
② 공수한 손을 웃어른께는 눈높이에, 또래이면 입 높이에 올린다.
③ 허리를 굽혀 공수한 손을 바닥에 댄다.
④ 먼저 왼쪽 무릎을 꿇고 다음으로 오른쪽 무릎을 왼쪽 무릎과 나란히 꿇고 엉덩이를 안착한다.
⑤ 팔꿈치는 바닥에 붙이며 머리를 숙여 이마를 손등에 닿도록 해서 잠깐 멈춘다.
⑥ 일어설 때는 머리를 들면서 팔꿈치를 바닥에서 뗀다. 오른쪽 무릎을 세운 후 공수한 손을 오른쪽 무릎에 가볍게 얹으면서 일어나 왼쪽 발을 오른쪽 발과 가지런히 모아 바로 선 자세에서 다시 공수한다.

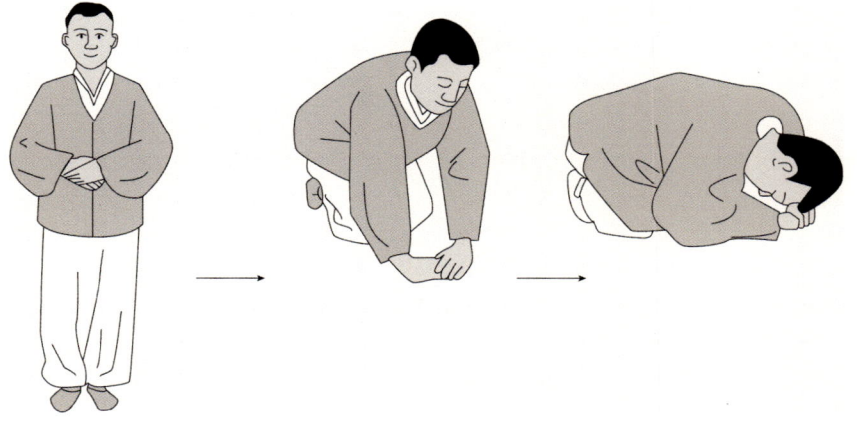

◎ **큰절**
① 웃어른을 향해 바른 자세로 서서 공수한다. 평상시에는 오른손을 위로, 흉사 시에는 왼손을 위로 하여 맞잡는다.
② 공수한 손을 눈높이에 올린다. 이때 고개는 숙이고, 눈은 아래를 바라본다.
③ 왼쪽 무릎을 먼저 꿇은 후 오른쪽 무릎을 꿇고, 엉덩이를 안착한다.
④ 상체를 약 45도 정도 굽혀 잠시 머문다.
⑤ 일어설 때는 두 손은 눈높이에 둔 채 상체를 일으키고 오른발, 왼발의 순으로 천천히 일어서서 왼발을 오른발과 가지런히 모은다.
⑥ ②~⑤번까지 다시 반복해서 한 후 바로 서서 공수한다.

◎ **평절**
① 웃어른을 향해 바르게 서서 공수한다.
② 손을 양옆으로 내리면서 왼쪽 무릎을 먼저 꿇은 후 오른쪽 무릎을 꿇고, 엉덩이를 안착한다.
③ 두 무릎을 꿇고 앉아 어깨 너비만큼 양팔을 벌리되 팔꿈치는 구부리지 않고 다섯 손가락을 가지런히 모아 손끝을 바닥에 댄다.
④ 상체를 약 30도 정도 잠깐 굽혔다가 일으킨다.
⑤ 오른발, 왼발의 순으로 천천히 일어서서 두 발을 가지런히 모아 바로 선 자세에서 다시 공수한다.

① ② ③ ④ ⑤ ⑥ ⑦

◎ **포옹(embrace)**

친구나 동료를 만났을 때 서로 껴안아 기쁨을 표하는 인사이다. 인사법 중에서 친밀감이 가장 강한 표현이라고 할 수 있다. 반가움과 친밀함을 담아 온몸으로 표현하며, 만남에 대한 즐거움을 자연스럽게 교감하는 인사행동이다. 악수보다는 훨씬 더 사교적인 방법에 속한다.

◎ **키싱 핸드(kissing hand)**

유럽이나 중남미에서는 남성이 여성의 손을 잡고 상반신을 앞으로 굽혀 정중한 태도로 손등에 입술을 가볍게 댄다. 이는 결혼한 여성에 대한 전통적인 인사방법이다. 이런 인사행동에 대하여 우리나라 사람들은 어색함을 느끼겠지만, 서양의 사교모임에서는 기혼여성에 대한 존경의 뜻으로 여겨진다.

◎ **그 밖의 인사**

민족이나 종교에 따라 입맞춤, 코 비비기(뉴질랜드의 홍이), 합장, 손 흔들기 등 다양한 인사행동이 있다. 합장의 방식인 태국의 와이(Wai)는 두 손을 모으고 팔과 팔꿈치를 몸에 붙인 채 '와이'라고 말하면서 고개를 숙인다. 이때 합장한 손이 위로 올라갈수록 공경의 정도가 커진다. 인도의 인사인 나마스테(Namaste) 역시 두 손을 공손하게 앞으로 가지런히 모은다. 나마스테라는 말은 산스크리트어로 당신 앞에 절을 한다는 뜻으로 곧 존경의 표시이다.

⑤ 커뮤니케이션

두 사람 혹은 다수의 사람들 사이에서 신념, 의견, 사고, 지식, 태도, 감정 등을 전달하고 교환하는 인간 상호작용의 의사소통을 커뮤니케이션(communication)이라고 한다. 사회적 동물인 인간은 사회공동체의 일원으로 살아가기 위해 부단히 커뮤니케이션 과정에 참여한다. 더욱이 원만한 인간관계를 위해서는 일방적인 방식이 아니라 서로의 감정과 생각을 주고받는 원활한 의사소통의 과정이 반드시 필요하다. 사람들은 언어적 요소 외에도 여러 가지 상징, 즉 표정, 눈빛, 자세 등의 비언어적 요소를 사용하여 메시지를 주고받음으로써 관계를 유지해 간다. 이로 인해 커뮤니케이션 능력은 한 개인이 갖고 있는 신체적, 심리적, 사회문화적 역량이라고도 말할 수 있다.

커뮤니케이션은 다른 사람과의 관계를 성립, 발전, 유지시키는 수단으로 작용한다. 이는 그 자체가 암호체계여서 이를 주고받는 동안 서로에 대한 이해를 도울 수도 있고 오해를 불러일으키는 원인도 될 수 있다. 대개의 경우 말을 주고받을 때 그 말속에 상대에게 전달하고자 하는 의도가 들어 있기 마련이다. 자신의 의도를 말과 행동으로 바꾸어 표현하는데 이러한 과정에서 많은 장애요인들이 발생하게 된다. 예를 들어 각자의 가치관이나 신앙, 신념과 입장의 차이, 과거의 경험, 감정의 영향, 상대의 외모, 문화적인 차이 등이 장애요인으로 작용할 수 있다.

대부분의 사람들은 상대가 말하는 것을 통해 그의 됨됨이를 가늠한다. 이는 말이 단순히 내용을 전달하는 데 그치는 것이 아니라 사람의 인격을 나타내는 역할도 동반하기 때문이다. 이로 인해 커뮤니케이션을 할 때는 타인은 물론 자신을 위해서라도 상대의 입장에서 생각해 볼 줄 아는 역지사지(易地思之)의 마음을 지녀야 한다. 인간관계에서 언어생활이 차지하는 중요성은 적지 않다. 순자(荀子)는 사람에게 좋은 말을 진실하게 하는 것은 솜옷보다 따뜻하다고 하였다.

모든 인간관계에는 커뮤니케이션이 존재한다. 관계는 대화로 시작되어 대화로 끝난다 해도 과언이 아니다. 자신의 의도와 생각을 지혜롭게 표현하면서 좋은 관계를 맺기 위해서는 커뮤니케이션에도 매너를 갖춰야 한다.

○ 언어적 요소

말은 사람의 인격이나 사회성을 나타내는 척도가 되므로 말을 조리 있게 잘하는 것도 필요하지만 그에 따른 매너 역시 중요하다.

대화에 있어 말하기에 필요한 매너를 살펴보면 상대가 잘 이해할 수 있는 말로 이야기하는 것이 시작이다. 말은 의미가 담긴 소리이기 때문에 뜻이 통하지 않는 말은 올바른 말이라고 할 수 없다. 대화의 상대에 따라 적절한 용어를 선택해야 하며 상황에 맞지 않는 외래어의 지나친 사용은 대화의 격을 오히려 떨어뜨리기 쉬우므로 주의해야 한다. 속어나 은어의 사용 또한 자신의 품격을 낮추는 것이므로 삼가며, 올바른 표준말을 사용해 말하도록 한다. 같은 내용이라도 상대에게 좋은 느낌이 전해질 수 있는 고운 어휘를 선택하는 것도 연습이 필요하다. 상황에 따라 순발력과 융통성을 발휘하면 같은 의미라 하더라도 좀 더 호소력 있게 표현할 수 있다.

상대의 연령과 지위 등에 따라 바른 호칭과 존대어를 사용해야 한다. 차분하면서도 분명한 발음, 말씨, 억양, 음성, 목소리, 속도로 알아듣기 좋게 말하며, 전달하고자 하는 내용과 의미를 머릿속에 명확히 정리하여 분명하고 간결하게 표현한다. 이때 육하원칙을 염두에 두고 어떤 일의 사실과 그에 대한 자신의 의견을 구분해서 대화를 해야 한다. 중요한 사항은 결론부터 말한 후 부연 설명을 해서 이해를 도모하는 방식으로 대화하는 것이 좋다.

상대가 대답하기 곤란한 질문은 하지 않도록 한다. 예를 들어 신체(몸무게, 키)와 개인의 약점에 관한 질문은 삼가며, 아무리 친한 사이라고 해도 인간관계에서 지나친 농담은 오해를 불러일으킬 수 있는 소지가 있으므로 유의한다.

또한 직장 내 성희롱으로 성적 모욕을 주는 언행, 성적인 농담, 여성비하의 발언, 음담패설 등은 성폭력에 해당하므로 삼가야 한다.

상대가 말한 내용에 대해 질문을 하거나 다른 의견을 제시할 때는 말한 사람의 양해를 먼저 구한다. 이때 정중함을 표현하기 위해서는 명령형의 문장보다는 의뢰형의 문장으로 말하는 것이 한결 정중한 양해의 뜻을 포함하게 된다. 상대에게 도움을 요청하거나 부탁을 거절해야 할 때는 쿠션언어를 사용하여 말을 부드럽게 하는 완곡한 표현으로 전달하도록 한다.

◎ 서두를 힘 있게 시작한다.

◎ 일화, 증거, 실례를 많이 든다.

◎ 청중에게 골고루 시선을 준다.

◎ 시각적으로 묘사한다.

◎ 편안하게 말한다.

◎ 긍정적으로 이야기한다.

◎ 활기 있게 말한다.

◎ 진지하게 말한다.

◎ 자신 있게 말한다.

◎ 쉬운 단어, 짧은 문장 등 구어체를 많이 쓴다.

최기종(2003)

유사언어(paralanguage)는 언어 자체는 아니지만 언어에 준한다는 의미이다. 이는 말하는 내용에 관계하는 것이라기보다는 언어적 전달을 더 효과 있게 해 주거나 발화의 의미를 변화시켜 주기도 하며 경우에 따라서는 말을 완전히 대치하기도 한다. 대표적으로 듣기 좋은 목소리, 매력적인 목소리는 풍부한 성량과 맑은 음색을 지닌 것이다. 성량이 풍부하고 맑으면 공명에 의한 울림이 잘 이루어지기 때문에 성량과 음색은 대화 시 호감도에 큰 영향을 미친다. Heinz(2004)는 목소리는 명함과 같다고 말했다. 기어 들어가는 작은 목소리, 또박또박 들리지 않는 발음의 문제, 음절을 끝까지 내지 않거나, 말끝이 갈라지거나, 엉겨 붙은 목소리, 지나치게 높은 목소리, 불안하게 떨리는 목소리, 너무 쩌렁쩌렁 울리는 목소리 등은 전달력을 떨어뜨린다고 주장하였다. 반면 너무 낮고 단조로운 목소리는 지루함을 준다. 따라서 이상적인 목소리는 강하면서 명쾌한 목소리로 이런 역동적인 목소리를 표현하기 위해서는 말의 시작과 끝 부분을 강조하듯이 강한 어조로 말하는 것이 좋다. 또한 말끝을 흐려서는 안 되며, 또박또박 발음을 하고 문장의 끝을 높여서 말하는 것이 바람직하다.

◎ **음색**(voice quality)

모든 음색은 말하는 사람의 감정이나 심리상태와 밀접한 관계가 있다. 좋은 음색은 우선 듣기가 좋고 의사 전달이 명쾌하다. 훌륭한 음색에 대한 특징적 표현으로는 풍부한 소리, 아름다운 소리, 명료한 소리, 듣기 좋은 소리, 공명이 되는 소리 등이다.

◎ **음높이**(pitch)

음높이는 목소리의 높낮음을 말한다. 목소리 중 최적의 음높이는 비교적 낮은 수준의 음정을 유지하면서 즐거운 기분으로 부드럽게 말하는 상태의 것이다. 일반적으로 남성은 낮은 목소리가 더 세련되고 안정감을 주는 사람으로 느끼게 만든다.

◎ 휴지(pause)

휴지는 빈도, 길이, 위치에 따라 긍정적인 효과도 내고 부정적인 효과도 낸다. 휴지를 적절히 살려 말을 하는 것은 커뮤니케이션을 보다 가치 있게 한다. 한 단어는 붙여서 읽는 것이 정상이지만 단어와 단어 사이, 구와 구 사이, 절과 절 사이, 문장과 문장 사이에서는 일정 시간 쉬어야 한다. 대개 단어와 단어 사이에서 쉬는 시간이 가장 짧고 구성단위가 커질수록 그 사이에 쉬는 시간이 길어진다.

◎ 크기(volume)

목소리의 크기는 상대가 말을 알아듣게 하는 것과 직접 관계된다. 적절한 소리의 크기는 말의 내용에 대한 이해를 돕는다. 큰 목소리는 열정적이고 확신에 찬 자신감의 이미지를 나타낸다. 이에 비해 작은 목소리는 무기력함과 나약함, 열등감 등의 이미지를 나타낸다.

◎ 속도(speed)

말의 속도가 빠른 사람이 설득력이 있는 것으로 받아들여지며, 능력과 사회적 매력 면에서 보다 호의적인 인상을 준다. 또한 표현이 풍부하고 적극적이지만 다소 성격이 급한 인상을 줄 수도 있다. 특히 너무 빠르면 듣는 사람이 긴장할 수도 있다.

한편 대화 매너라고 하면 대개 말하기만을 떠올리는데 듣기 또한 매우 중요한 대화의 매너이다. 훌륭한 청취자는 자신이 다음에 무슨 말을 할 것인가에 관심을 갖기보다는 상대의 이야기에 집중하면서 목소리의 톤, 얼굴 표정, 몸짓 등을 통해 그의 생각이나 감정을 알게 된다. 말을 듣는 것 자체가 대화의 한 방법이다.

대화 시 상대의 말을 듣는 사람의 매너로는 이야기를 들을 때 자신이 하던 일을 잠시 멈추고 그를 향해 듣는 자세를 취해야 한다. 상대를 향해 관심을 보이면서 마음의 귀를 여는 것이다. 시선은 자연스럽게 마주 보도록 한다.

주의해야 할 점으로는 바른 표정과 자세를 취하여 상대의 이야기가 끝날 때까지 경청을 해야 한다. 상대의 이야기에 대해 적절한 반응(예: 맞장구치기)으로 공감을 나타내 상대가 이야기를 계속할 수 있도록 한다. 상대의 말을 중간에서 가로채어 말참견을 하지 않도록 해야 한다. 상대의 말이 끝나기를 기다렸다가 상대와 나의 의견이 다른 경우 무조건 나만 옳다고 주장하지 말고 타당한 근거를 제시하며 정중하게 내 의견을 말한다.

상대의 이야기를 들은 후에는 복창하여 중요한 내용을 다시 정리, 확인하여 정확한 의사 교환을 한다. 상대의 이야기 중 중요한 내용을 메모하는 습관을 갖는 것도 필요하다. 상대의 이야기를 듣는 중 부득이하게 자리를 뜰 때는 양해를 구하고, 다른 사람에게 방해가 되지 않게 움직여야 한다.

커뮤니케이션 전문가 래리 바커는 20세기가 말하는 자의 시대였다면 21세기는 경청하는 자가 성공하는 이청득심(以聽得心)이 의사소통의 주요 방법이 되는 시대가 될 것임을 언급하였다. 수평적 관계와 부드러운 감성을 중시하는 시대에는 다양한 생각을 인정하는 포용력과 소통의 기술을 잘 발휘하는 사람, 곧 남의 말을 잘 들어 주는 사람이 성공하기 쉽다는 것이다.

대화는 의미 없이 나 혼자 일방적으로 하는 행위가 아닌 상대와 쌍방향으로 주고받는 의미를 지닌 행위이므로 상대의 이야기를 잘 듣고 적절히 반응하는 말을 하다 보면 상대 또한 내 말을 잘 듣고 거기에 상응하는 말하기를 연속적으로 하여 대화가 원활하게 이루어지게 된다. 이로 보면 훌륭한 경청은 말하기를 고취하고 훌륭한 말하기는 경청을 고취한다. 경청은 다음과 같은 몇 가지 효과를 창출한다.

◎ 상대와 좋은 인간관계를 형성할 수 있다.

◎ 상대의 마음이나 욕구를 제대로 파악할 수 있다.

◎ 상대의 뜻에 부합하는 일을 효과적으로 할 수 있다.

◎ 상대로부터 좋은 정보를 얻을 수 있다.

◎ 상대의 이야기를 판단하는 능력을 축적할 수 있다.

◎ 상대를 설득하는 대화의 기술을 쌓을 수 있다.

◎ 상대와의 대화 중 보다 능숙하게 말을 잘할 수 있다.

◎ 상대가 좋아하는 사람이 될 수 있다.

◎ 상대의 말에 주의를 기울이기보다는 말하는 사람의 외모나 말투에 신경을 쓸 때
 - 말의 본질적 의미를 놓치게 된다.

◎ 실제 경청하지 않으면서 듣는 척할 때
 - 시선은 말하는 사람을 보지만 머릿속에는 다른 일을 생각하는 경우가 있다. 특히 말하는 속도가 듣는
  속도보다 느리기 때문에 듣는 사람이 다른 생각에 빠지면 상대의 말에 경청하기 어렵다.

◎ 주위가 산만할 때
 - 다른 사람들의 속삭임이나 외부 소음이 듣는 사람의 주의를 산만하게 만들 수 있다.

◎ 듣는 사람이 성급한 판단을 내릴 때
 - 자신과 상관없는 일이라는 판단이 경청을 하기 어렵게 만든다.

◎ 메모 습관이 부족할 때
 - 너무 메모에만 집중하면 필기 자체에만 신경을 쓰게 되어 말의 핵심을 놓치기 쉽다.

Check Manner – 삼사일언(三思一言)

◎ 들어서 힘들었던 말

◎ 들어서 행복했던 말

○ 비언어적 요소

대화를 나눌 때 말의 내용을 더욱 풍부하게 하고, 효과적으로 전달하기 위해 비언어적 커뮤니케이션 요소를 활용하게 된다. 몸은 나보다 먼저 말하고 거짓말을 하지 않는다고 한다.

커뮤니케이션에서 비언어적 요소는 언어적 요소만큼이나 비중이 크다. 이는 의식적으로 쉽게 통제되지 않는 특성을 갖고 있기 때문이다. 즉 비언어적 요소는 무의식적으로 수행되는 까닭으로 쉽게 통제되는 언어적인 메시지에 비해 왜곡이나 속임이 적다. 우리가 의식하지 못하고 쉽게 통제할 수 없기 때문에 비언어적 요소들은 상대에 대한 감정과 느낌을 더 정확히 나타내는 척도로 여겨진다.

비언어적 커뮤니케이션의 영역에는 입모양, 어깨 으쓱하기, 눈썹 추켜세우기, 눈 동작, 얼굴 표정, 자세 변화 등의 신체언어 외에도 대화 시 두 사람 간에 유지되는 공간거리처럼 인간의 모든 의사전달 방식이 포함된다. 이 가운데 대표적인 몇 가지를 살펴보면 다음과 같다.

첫째, 몸짓 즉 제스처(gesture)를 많이 사용하는 경우 따뜻하고 편안하며, 매력적이면서 힘이 있고, 전문적이며 신뢰감이 있고 설득력이 있어 보인다. 몸짓 중 특히 머리 동작은 여러 가지 의미를 함축적으로 사용될 수 있다. 소리를 치거나 손을 흔들 수 없는 상황에서 주위에 있는 누군가를 부를 때 머리 동작으로 신호를 보낼 수 있다. 대각선 방향으로 뒤쪽을 향해 고개를 돌리는 행동은 이쪽으로 오라는 요청, 머리를 좌우로 왔다 갔다 하는 행동은 의심이나 꺼림을 나타내며 마치 상대의 요구나 제안을 저울질하는 의미이기도 하다. 고개를 심하게 흔드는 것은 경멸을 표현하기도 한다. 눈을 살짝 빠르게 감았다 뜨는 행동은 언급된 상황이 그리 심각한 것이 아니라는 것을 나타낸다. 양어깨를 올리는 동작, 즉 으쓱하는 몸짓은 모르겠다, 관심 없다, 의심스럽다 등의 메시지를 담고 있다. 두 사람이 대화를 할 때 같은 종류의 몸짓을 사용하면 유사성을 느끼게 되고 서로를 더 좋아하게 된다고 한다. 대화를 할 때 비슷한 형태의 제스처를 사용하는 것이 도움이 된다.

둘째, 몸의 자세(posture)를 관찰하면 그 사람의 감정과 상황을 어느 정도 파악할 수 있다. 예를 들어 자신감이 있고, 당당하고, 권위적인 사람들의 자세는 의기소침해 있거나 수줍어하거나 순종적인 사람들보다 꼿꼿하다. 또한 자세는 친밀감과 같은 정서적인 감정을 반영하는 데 영향을 미친다. 예를 들어 의식적이든 무의식적이든 머리를 꼿꼿이 세우고 약간 뒤로 젖힌 자세는 거만하고 심지어는 공격적인 태도로 해석된다. 반면 고개를 숙인 자세는 겸손이나 의기소침한 태도로 풀이된다. 구부정한 자세는 침울, 지친 감정 또는 열등감이나 주목받고 싶지 않은 느낌의 표시이며, 똑바른 자세는 고고함, 자신감, 개방성과 관련된다. 가슴 부분에서 팔짱을 끼는 자세는 냉담한 태도 혹은 상대가 편하지 않다는 의미이기도 하고 무관심과 비호감을 전달한다. 그러나 팔을 편안하게 내리는 자세는 개방성을 표현하여 상대로 하여금 다가와도 좋다는 허가를 나타낸다. 옆으로 기울어진 자세, 편안하게 늘어뜨린 손, 의자 깊숙이 앉은 자세 등은 상대와의 대면이 편안하다는 것을 나타낸다. 몸을 상대 쪽으로 가까이하는 자세와 경직되지 않고 편안해 보이는 자세는 친절성이나 매너를 갖춘 친밀도를 전달한다. 반대로 몸을 뒤로 주춤하는 자세와 경직되어 보이는 자세는 지배성, 비우호성, 정서적으로 거리를 두려는 의미를 전달하게 된다. 자세의 방향에서도 비언어적 의미를 찾을 수 있다. 방향은 직접 방향(몸의 방향과 시선의 방향이 일치하는 것)과 간접 방향(몸의 방향과 시선의 방향이 일치되지 않는 것)으로 나눌 수 있다. 직접 방향일수록 화자들 간의 상호작용이 더 활발하고, 간접 방향을 취할 경우 대화에 적극적으로 참여하고 있지 않다는 것을 암시한다.

셋째, 눈 맞춤(eye contact)은 대인관계 형성에 있어 호감도, 신뢰도, 만족도에 중요한 영향을 미친다. 정보를 구하거나, 주의를 기울이거나 관심을 보일 때, 상대의 반응을 기대할 때, 영향력을 행사할 때 눈 맞춤이 이루어진다. 대화 중 상대의 얼굴이 아닌 다른 곳을 바라보는 것에는 주의해야 하는데, 이는 상대를 달갑지 않게 생각하는 결과로 보여 교만과 무시의 인상을 갖게 하기 때문이다. 지속적인 눈 맞춤은 성실성, 정직성, 능력, 신용, 자신감, 설득력, 관심, 우호성, 매력에 긍정적인 영향을 미친다. 그러나 과도하게 잘못 사용하면 오히려 상대를 불편하고 불안하게 만들기도 한다. 눈 맞춤은 정보를 보낼 뿐만 아니라 정보를 수집하는 방법 중 하나도 된다. 말을 마치면서 상대를 보는 것은 그 사람에게 말할 차례라는 것을 알리는 것뿐만 아니라 그 말에 대한 피드백을 모니터링하는 기회가 된다.

넷째, 세계 대부분의 나라에서 고개 끄덕이기(nodding)는 상대의 의견에 대한 동의, 긍정, 승인을 의미한다. 때로는 언어를 주 매개로 하는 의사소통이 어려울 때 매우 적절하게 쓸 수 있는 방법이기도 하다. 고개 끄덕이기는 일차적으로 상대에게 자신이 경청하고 있음을 알리는 수단이며 또한 상대의 이야기를 듣고 있고, 그 의견에 동의하니 계속 이야기를 하라는 의미를 내포하기도 한다.

다섯째, 대인관계에 있어 따뜻함을 표현하는 데는 미소(smile)가 가장 효과적인 요소로 지목된다. 따뜻한 미소는 긴장된 상황을 좀 더 편안하게 만들어 주며 상대에게 미소를 자아내게 함으로써 긴장을 완화시킨다. 안내원이나 승무원 등과 같이 고객들과 직접적으로 대면하는 직업에 종사하는 경우 상대에게 편안함을 줄 수 있도록 미소 짓는 교육을 받는 것도 같은 이유이다.

여섯째, 홀(Hall)은 커뮤니케이션에 참여하여 메시지를 송신하고 수신함에 있어 화자들 간의 공간거리(spatial distance)도 비언어적인 요소로 언급하였다. 이는 사람들이 접촉하는 데 있어 신체적 공간거리를 어떻게 유지하고 어떤 의미를 부여하는가에 관한 것이다. 일반적으로 타인에 대해 친밀하게 느낄수록 그에게 더 가깝게 다가선다. 공간거리는 다른 비언어적인 요소보다 자주

인식되지는 않지만 가까이 서는 것이 우호감이나 관심의 표현으로 쓰인다. 예를 들어 상대와 비스듬한 각도로 앉으면 폐쇄성이 줄어들어 자연스럽게 대화를 유도할 수 있다. 경쟁적인 관계일 때는 서로 마주 보고 앉는 반면 협력적 관계일 때는 옆자리에 앉는 경향이 있다. 다시 말해 사람들을 서로 마주 보도록 배치하면 서로 경쟁하게 되고, 나란히 배치하면 서로의 상호작용을 도모할 수 있다.

인간관계의 상호작용에 있어 공간거리는 다음과 같이 분류된다.

◎ **친밀한 거리**(intimate distance)

귓속말을 하는 것과 같이 신체적 접촉을 동반해도 부담이 없는 거리에서 커뮤니케이션이 이루어진다.

◎ **개인적 거리**(personal distance)

가족이나 서로 친한 친구 사이의 거리로 보통 손을 뻗어 접촉할 수 있는 거리에서 커뮤니케이션이 이루어진다.

◎ **사회적 거리**(social distance)

집단 내에 공식적, 비공식적 관계의 거리에서 커뮤니케이션이 이루어진다.

◎ **공적 거리**(public distance)

가장 먼 공간거리를 유지하는 관계로 큰 목소리와 몸동작에 의한 커뮤니케이션이 이루어진다.

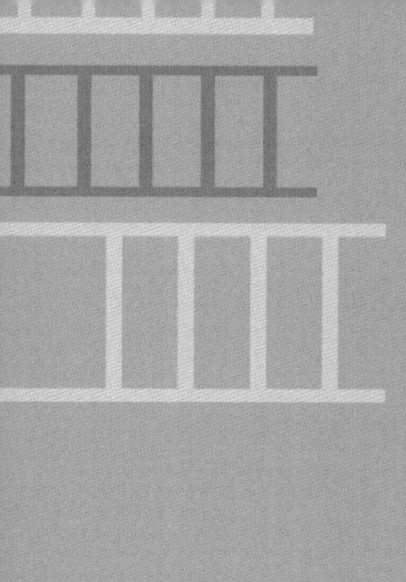

PART II

인간관계와 매너문화

1. 직장생활과 매너

직장은 연령과 성장배경, 가치관 등이 다른 사람들이 모여, 소속된 곳의 이윤을 창출한다는 공동의 목표 아래 서로 협력하여 조직적으로 일하는 곳이다. 또한 직장은 각자에게 부여된 업무를 원활하게 처리하기 위해, 그 조직 내에 정해진 직위의 높낮이에 따라 종적인 체계 속에서 모든 일이 수행되는 곳이기도 하다. 따라서 직장생활을 잘해 나가기 위해서는 먼저 직장의 분위기를 파악해야 하고, 직장생활 속에서 지켜야 할 크고 작은 매너에 대해 주의를 기울여야 한다.

1) 취업준비와 매너

서류전형 및 면접 전형에 의한 채용이 각 기업 채용방식의 주가 되고 있다. 서류전형은 지원자가 제출한 이력서와 자기소개서에 의한 평가로 이루어진다. 이력서는 인사담당자들이 가장 먼저 접하여 주의 깊게 평가하는 것으로 지원자의 인적 사항과 학력 및 경력사항이 들어 있어 지원자를 객관적으로 이해할 수 있는 기초자료이다. 자기소개서는 이력서에서는 알 수 없는 개인의 성장과정, 성격, 학교생활, 지원동기와 장래포부 등이 포함되어 있어 지원자를 보다 깊게 구체적으로 이해할 수 있는 자료가 된다. 이러한 자기소개서는 지원자의 문장력이 토대가 되므로 그 중요성이 한층 더해지고 있다.

면접전형은 지원자에 대한 종합적인 평가로 인상 요소(표정, 복장, 자세, 스피치, 매너), 자료 요소(이력서, 자기소개서, 기타 제출서류), 응답 요소(이해력, 논리력, 사고력, 판단력, 창의성, 성실성, 사회성, 시사성 등)를 보게 된다. 이는 지원자가 갖고 있는 능력과 자질을 시험하는 관문이다. 지원자는 면접을 준비하는 시간부터 면접이 진행되는 시간을 거쳐 면접이 완료되는 시간까지 순간순간 긴장을 늦추지 말고 자신이 준비해 온 역량과 자질을 발휘하는 노력이 필요하다.

Plus Manner - 스펙 5종 세트

'잡코리아'의 조사에 의하면 취업에 꼭 필요한 부문임에도 불구하고 구직자들이 소홀히 여기는 것에 대해 인사담당자들에게 질문하였다. 그 결과 인사담당자들은 '대인관계 및 커뮤니케이션 스킬'(56.8%)에 가장 많은 응답을 보였고, 이어 '기획서 등 문서작성 능력'(38.7%), '비즈니스 매너'(33.8%), '기업실무'(31.2%), '프레젠테이션 능력'(30.7%)의 순으로 응답을 나타냈다.

또한 오늘날 기업이 요구하는 '스펙 5종 세트'에 대해 알아본 결과 ① 커뮤니케이션 능력, ② 기획서 등 문서작성 능력, ③ 프레젠테이션 능력, ④ 대인관계와 비즈니스 매너, ⑤ 회사 업무와 관련된 지식으로 밝혀졌다.

하세용(2009)

(1) 서류전형의 준비과정

① 이력서

이력서란 취업을 위해 회사에 제출하는 서류 가운데 개인의 신상정보, 학력 및 경력사항 등을 시간순으로 요약하여 나열한 문서이다. 지원자에 대한 객관적 정보를 요구하므로, 신중을 기해 시간적 순서에 따라 작성해야 한다.

기본적으로 이력서는 정갈한 느낌을 줄 수 있도록 간단하면서도 명료하게 작성하도록 한다. 무엇보다 거짓 없이 솔직하게 써야 한다. 본인의 필체로 정자(正字)로 쓰거나 워드프로세서로 작성하는데, 시간적 여유를 가지고 정해진 양식에 맞추어 쓴다. 사회초년생은 지도교수의 추천서를 첨부하면 신뢰를 더 얻을 수 있다.

이 력 서

1. 인적 사항

㉥	성 명	한 글	㉠	한 자	
	주민등록번호	㉡ (만 세)			
	주 소	㉢			
	전 화 번 호	㉣		휴대전화	
	E - mail	㉤			

2. 학력 사항

기 간	학 교 명	전 공	학 점
	㉦		

3. 경력 사항(아르바이트 및 인턴 경력)

기 간	회사명	부서명	업 무 내 용
	㉧		

4. 개인능력(외국어 및 컴퓨터 활용능력)

외국어	영어		기타	
컴퓨터 활용능력	㉨			

5. 자격증 취득 사항

취 득 일	자 격 증 명	발 급 기 관 명
	㉩	

6. 상벌 사항

년 월 일	사항	시행기관	비고
	㉪		

7. 교육이수 사항

기 간	교육과정명	교육기관	교육내용
	㉫		

8. 기타 활동 사항

활 동 사 항	비고
㉬	

㉭ 위의 내용은 사실과 틀림없음.

년 월 일

지원자 : (인)

국문이력서를 쓰는 구체적인 방법은 다음과 같다.

　㉠ 성명은 한글과 한자 모두를 기재한다.

　㉡ 주민등록번호를 적고, 주민등록상의 나이를 명시한다.

　㉢ 주소는 본인이 현재 거주하고 있는 주소지를 기재한다.

　㉣ 연락처는 자신이 직접 연락을 받을 수 있는 집 전화번호와 휴대전화의 번호를 쓴다.

　㉤ 이메일 주소는 매일 접속해서 사용하는 주소를 오자 없이 정확하게 기재한다.

　㉥ 사진은 최근의 것(3개월 이내 촬영한 것)으로 규격에 맞게 준비하여 부착한다.

　㉦ 학력사항은 대개 고등학교부터 적는 것이 일반적이다. 입학 날짜와 졸업 날짜는 관련서류를 확인하여 정확하게 기재한다.

　㉧ 경력사항은 연대순으로 기재한다. 입사를 희망하는 회사에서 명시한 업무와 일치하는 본인의 경력(예: 실무, 아르바이트, 인턴 경험 등)을 중심으로 밝힌다.

　㉨ 개인능력에는 외국어 및 컴퓨터 활용능력을 작성한다. 영어의 경우 토익 또는 토플 점수를 기준으로 판단하며, 컴퓨터 활용능력은 자신이 활용 가능한 프로그램을 명시한다.

　㉩ 자격증 취득사항은 반드시 취득일과 발급기관명을 써야 한다. 특히 업무수행에 적용 가능한 국가자격증이나 공인자격증은 반드시 기재한다.

　㉪ 상벌 사항에는 경진대회나 공모전 등을 비롯한 수상 내용을 쓴다.

　㉫ 교육이수 사항은 어학연수나 업무와 관련된 교육과정을 이수 혹은 수료한 내용을 중심으로 기재한다.

　㉬ 기타 활동 사항으로는 사회봉사활동이나 동아리활동 등의 내용을 명시한다.

　㉭ 이력서 하단에는 '위의 내용은 사실과 틀림없음'이라고 적고, 작성 날짜와 성명을 쓴 후 서명이나 날인을 한다.

〈그림 8〉 이력서 양식과 작성방법

오늘날 대부분의 회사가 자체적으로 만든 입사지원서를 배부하여 이력서를 대신하고 있다. 이를 작성할 때 역시 제시된 양식에 맞추어 모든 항목에 빠짐이 없게 기재하도록 한다. 특히 인터넷으로 입사지원서를 접수하는 경우 정해진 기한을 지키고 사진파일 규격과 첨부 서류 등에 오류가 없도록 신중을 기해야 한다.

② 자기소개서

자기소개서는 이력서에 입력한 내용을 바탕으로 지원자가 자신의 활동경험, 지원동기, 향후 목표 등을 표현하는 글이다. 이때 이력서와 자기소개서의 내용이 서로 어긋나서는 안 된다.

문장은 간결하게 정해진 원고 분량에 맞게 쓴다. 대개 A4 용지 1~2장 이내로 작성한다. 정해진 글자 수가 있을 때는 이를 반드시 지켜야 한다. 허위나 과장 없이 진솔하게 작성하며, 읽는 사람으로 하여금 관심을 갖게 하는 인상적인 글을 쓴다. 초고를 작성해 여러 번 수정, 보완해야 하므로 시간적 여유를 갖고 준비하는 것이 좋다. 문장을 기술할 때 쓰는 한자어나 외래어는 정확한 의미를 알고 사용하도록 한다. 자기소개서는 면접전형에서 질문이 나오는 자료가 될 수 있으므로 작성 후 기술한 내용을 기억할 수 있도록 저장해서 출력해 둔다.

국문 자기소개의 구체적인 작성방법은 다음과 같다. 먼저 성장과정은 뚜렷한 개성과 특기할 만한 경험담 등을 넣어 작성한다. 자신에게 영향을 끼친 가족, 선후배, 스승의 이야기를 포함하여 써도 좋다. 성격은 장·단점을 정확히 파악하여 쓴다. 장점을 나타내 보이고 또 가능하다면 자신의 단점에 대한 언급과 함께 그것을 고쳐 나가기 위한 방법과 노력도 함께 기술하도록 한다.

학교생활은 대학생활을 중심으로 전공분야와 지원하는 곳의 관련성을 제시하고, 전공을 이수하며 가졌던 목표와 그것의 실현을 위한 노력의 과정을 기술한다. 또한 앞으로 업무에 도움이 되는 외국어나 자격증 취득의 과정과 다양한 활동 경험 등도 기술한다.

지원 동기는 취업하고자 하는 직장의 업종, 창업정신, 경영이념과 목표 등을 알아보고 각각을 토대로 기술한다. 입사 후의 포부는 "최선을 다해", "열심히", "성실히" 등 막연한 표현보다는 일단 입사가 결정되었다는 가정하에 앞으로 회사를 위해 자신이 어떠한 계획과 각오로 임할 것인지를 구체적으로 기술한다.

◎ 독창성 있는 글을 쓴다. 수많은 지원자들의 자기소개서 가운데 눈에 띄는 독특한 작성이 요구된다. 예를 들어 제목을 독특하게 쓰는 것도 차별화의 방안이 될 수 있다.

◎ 논리적으로 문맥을 연결한다. 자기소개서에 들어가는 내용은 전개가 논리적이어야 한다. 자기소개서는 기본적으로 '1. 1. 2. 4. 2' 법칙에 따라 작성한다. 즉 전체를 10으로 볼 때 성장과정의 중요도가 1이라면, 성격은 1, 학교생활 2, 지원동기 4, 입사 후 포부 2 정도로 배분한다. 무엇보다 중요도가 높은 지원동기를 분명히 밝히고 본인이 학창시절에 해 온 노력, 그리고 앞으로의 목표와 포부를 연관 지어 일관성 있게 기술한다.

◎ 과거의 성장과정과 현재를 연관 짓는다. 인사담당자가 지원자의 성장과정에 대한 부분을 읽고 궁금해하는 것은 과거보다 현재의 모습이다. 과거에 무엇을 한 것으로 끝내지 말고 그것을 통해 얻은 바를 현재와 연관 지어 기술한다.

◎ 경력자는 실무경력을 위주로 한다. 경력자는 전 근무지에서 실제로 경험했던 업무내용을 위주로 기술하고 처리 가능한 업무범위와 처리능력 등을 기술한다.

◎ 맞춤법과 띄어쓰기가 중요하다. 가장 기초적인 것이지만 지원자의 국어 실력이 드러나는 점이다. 한글과 한자를 병용해서 쓰면 인사담당자의 이해를 도울 수 있고, 실력을 인정받을 수 있다.

◎ 중복되는 말은 피한다. 같은 말을 되풀이하면 생각이 짧다는 인상을 줄 수 있다.

◎ 자기 PR을 적극적으로 하되 과장은 금물이다. 자신에게 장점이 될 수 있는 것은 구체적으로 밝히지만 과장을 해서는 안 된다.

(2) 면접전형의 유형과 준비

면접전형은 지원자에 대한 종합적인 평가를 위해 서류전형 후에 시행되는 구술시험이다. 면접전형의 여러 가지 유형과 그에 필요한 준비를 살펴보면 다음과 같다.

① 단독면접

지원자 한 사람씩을 마주 대하여 한 면접관이 개별적으로 질의응답을 하는 대표적인 방법이다. 시간이 많이 걸리는 단점이 있으나 한 사람의 능력과 자질을 알아내는 데는 적절한 방법이다. 지원자는 최대한 긴장을 풀고 자신감 있게 면접에 임해야 한다. 면접관의 질문에 대해 자신의 응답이 다소 불충분하다 할지라도 위축되거나 포기하지 말고 끝까지 최선을 다하는 모습을 보여야 한다.

② 개별면접

여러 명의 면접관들이 지원자 한 사람과 면접을 진행하는 방식이다. 여러 명의 면접관이 있으므로 특정 면접관에게만 신경을 쓰지 않도록 유의하고 면접관들의 질문마다 명확하게 답변하는 것이 중요하다. 최근 기업에서 많이 적용하는 면접유형으로 지원자에게 정신적 스트레스를 유발시키면서 지원자의 반응을 관찰하는 압박면접이 개별면접 가운데 이루어지기도 한다. 지원자가 얼마나 압박을 잘 조정하는가의 여부 그리고 질문에 논리적으로 대답하는가를 평가하게 된다. 면접관의 질문이나 이야기가 불쾌할지라도 끝까지 이성적으로 대처하는 것이 필요하다.

③ 집단면접

여러 명의 면접관들이 여러 명의 지원자들을 한꺼번에 평가하는 방법으로,

여러 명을 동시에 비교 관찰하게 된다. 면접관 한 사람이 똑같은 질문을 여러 지원자들에게 동시에 하는 경우도 있다. 이때 서로 비슷한 내용을 답해도 불이익은 없으나 그래도 다른 지원자보다 명쾌하고 뛰어난 응답을 하는 것이 좋은 평가를 받는 지름길이다. 경쟁자들과 함께 받는 집단 면접은 그 자리에서 상대평가가 되므로 신경을 써야 한다. 다른 사람이 말할 때 귀 기울이지 않고 한눈을 파는 사람이 되어서는 안 된다.

④ 집단토론면접

여러 명의 지원자들에게 하나의 과제를 주어 지원자들끼리 서로 토론을 전개시켜, 그 과정에서 특출한 인재를 점찍는 방식이다. 전체 속에서 지원자 개인의 리더십, 판단력, 설득력, 의사소통능력 등을 평가하는 방법이기도 하다. 집단토론은 주제를 제시한 후 사회자 선출, 토론, 최종의견 정리의 순으로 진행된다. 집단토론면접 과정에서는 자기주장만 내세워 다른 지원자의 의견을 질타하거나 무시하기보다 상대의 의견도 경청하고 존중해야 한다. 의견을 발표할 때는 주제에 관련된 의견을 차분히 논리적으로 전개하여 자신의 주관을 펼치는 전략이 효과적이다.

⑤ 프레젠테이션 면접

면접관이 특정 주제를 과제로 제시하면 지원자가 그와 관련된 자료를 정리한 후 자신의 견해를 더해 발표하는 방법이다. 면접관은 지원자의 전문성, 업무능력, 문제해결능력, 창의성 등을 평가하게 된다. 지원자는 프레젠테이션 준비를 본인 스스로 하도록 하고, 반드시 리허설을 해 보아야 한다. 프레젠테이션의 과정은 다음과 같다. 먼저 자신감 있게 자신을 소개하면서 시작한다. 서두에서 어떤 내용으로 진행할 것인지 개요를 언급한다. 주어진 시간을 감안하여 주요 요점은 3~4가지로 제한하고 프레젠테이션 중에는 각 요점사항별로 발표를 진행한다. 바른 자세와 표정을 유지하고, 말의 속도가 빨라지지 않도록 유의한다. 발표내용을 마무리할 때는 강조하는 사항이 기억될 수 있도록 몇 문장으로 간결하게 정리한다. 발표가 끝난 후에는 질의응답 시간을 갖는다. 프레젠테이션을 마칠 때는 감사 인사를 잊지 않도록 한다.

⑥ 합숙전형면접

지원자들과 면접관이 2박 3일 정도 합숙을 하면서 인재를 가리는 방법이다. 기업 측에서는 비용과 시간이 많이 들지만 확실한 인재를 발굴한다는 점에서 종종 채택되는 경우가 있다. 지원자의 업무능력 이상으로 성실성과 사회성이 중요하게 평가되므로 이 점을 놓쳐서는 안 된다.

⑦ 동료평가면접

지원자들이 다른 지원자를 상호 평가하는 면접방식이다. 조별로 별명, 취미, 특기 등 간단한 자기소개가 이루어진 후 자유토론을 진행한다. 그러고 나서 자신을 제외한 지원자 중 함께 근무하고 싶은 순서대로 번호를 적어 제출한다. 기업에서는 보통 10% 정도 가산 점수로 반영한다. 지원자의 친화력, 대인관계능력이 서로 평가된다.

⑧ 술자리면접

보통 지원자 7~8명과 면접관 2명 정도가 한 조를 편성한다. 자연스런 분위기에서 격의 없는 대화를 통해 지원자의 인성과 적성, 가치관, 잠재력을 평가한다. 지원자의 평소 습관이나 버릇이 나타나기 쉬우므로 긴장을 너무 늦추지 말고 스스로 자세 점검에 주의를 기울여야 한다.

◎ 골드칼라(gold collar)

21세기형 新인재를 골드칼라라고 한다. 이는 산업사회의 사무직 노동자인 화이트칼라나 육체노동자인 블루칼라와는 달리 정보사회를 이끌어 가는 인재로, 자발성과 창의성을 갖고 스스로 좋아하는 일에 새로운 가치를 창출해 내는 사람을 의미한다. 화이트칼라가 학력과 경력을 중심으로 사무능력과 행정능력을 발휘하는 관리자라면 골드칼라는 자신의 적성 분야에서 자발적 열정과 창의력으로 높은 성과를 내는 창조적 인재를 가리킨다. '골드칼라'라는 명칭은 금처럼 반짝이는 아이디어로 높은 가치를 창조하는 인재라는 뜻에서 붙여졌다. 골드칼라의 특성은 다음과 같다.

- 적성분야에서 일한다.
- 일을 즐기며 자발적으로 일한다.
- 팀워크에 기여하고 친화력이 있다.
- 발상이 자유롭고 창의적인 방법으로 일한다.
- 긍정적인 사고와 낙천적인 태도를 지닌다.
- 현실에 안주하기보다는 새로운 것에 도전한다.
- 업적평가에 따른 보상체계를 선호한다.
- 승진에 연연하지 않고 성취감을 즐긴다.
- 평생직장이 아니라 평생 직업을 중시한다.
- 직업을 생계수단이 아니라 자아실현의 장으로 여긴다.

◎ 르네상스 칼라

르네상스 칼라 역시 21세기의 新인재 유형으로 정치, 경제, 문화 등 모든 면에서 모르는 것이 없는 사람을 일컫는 용어이다. 특히 'All Round Player'를 원하는 인터넷 업계에서 다채로운 경력을 가진 사람들이 발군의 활약을 보이고 있다.

김하자(2008)

2) 근무 매너

(1) 호칭

직장생활에서 호칭을 제대로 사용하는 것은 커뮤니케이션의 기본 요소이다. 자신과 상대의 지위, 연령, 관계 등에 알맞은 호칭을 구사할 수 있어야 한다. 직장 내에 적합하지 않은 호칭은 자칫 무례할 수 있으므로 올바른 표현을 익혀 두어야 한다.

① 직장상사에 대한 호칭
  ○ 상급자에 대한 호칭은 연령의 고하를 막론하고 지위에 상응하도록 해야 한다.
  ○ 자신이 소속된 직장의 상급자는 직함 다음에 '님'을 붙인다
    (예: 사장님, 전무님, 부장님, 과장님).
  ○ 같은 직급에 여러 사람의 상급자가 있을 때는 성(姓)이나 성명(姓名) 다음에 직함과 '님'을 붙인다(예: 최 대리님, 한 대리님).
  ○ 자기보다 5년 이내의 입사 선배이면 남녀 모두 성이나 성명 다음에 '선배님'을 붙인다. 그러나 공식석상에서는 직함으로 호칭한다.

② 부하 직원에 대한 호칭
  ○ 직함이 있는 부하 직원은 성이나 성명 다음에 직함을 붙인다
    (예: 김 대리).
  ○ 직함이 없는 직원은 성명 다음에 '씨'를 붙인다(예: 김태화 씨).
  ○ 자신보다 연상인 부하직원인데 직함이 없는 경우 성이나 성명 다음에 '선생(님)'을 붙여 부르기도 한다(예: 홍 선생(님)).

③ 동료에 대한 호칭

직함이 있는 동료들 간에는 성이나 성명 다음에 직함을 붙이고, 입사한 지 얼마 되지 않아 직함이 없는 사람에게는 성명 다음에 '씨'를 붙인다.

(2) 존대어

존대어는 대화의 주체나 상대에게 존중을 표하기 위해 사용하는 언어적 표현이다. 대상과 상황에 맞지 않는 존대어를 사용하면 자칫 오해를 불러일으킬 수 있으므로 주의해야 한다. 대상과 상황에 따라 존대어를 구분하면 다음과 같다.

존대어	대상/상황	특 징	예 시
아주 높임 말씨	• 직장상급자에게 업무를 보고할 때 • 많은 사람들 앞에서 업무자료를 발표할 때 • 손님과 업무관계로 의견을 나눌 때	상대를 가장 높여서 하는 말씨로 '-습니다' '-십니다' '-십시오'로 끝난다.	"상황을 보고 드리겠습니다" "이 점은 모두가 주지하고 계십니다" "한 분씩 의견을 말씀해 주십시오"
높임 말씨	• 직장의 상급자 혹은 선배와 업무시간 이외에 사적 대화를 나눌 때 • 손님을 접대하는 자리에서 편안하고 자연스럽게 이야기를 나눌 때	상대를 높여서 하는 말씨로 '시' '세' '셔'가 중간에 끼어서 존대어가 된다.	"과장님, 댁이 어디시지요" "준비한 차 드세요" "그동안 안녕하셨어요"
반높임 말씨	• 동료 간에 일상의 대화를 나눌 때 • 부하 직원에게 업무를 지시할 때	보통말씨를 사용해도 되는 관계이지만 상대를 낮추지 않도록 쓰는 말씨로 '-요'로 끝난다.	"우리, 점심 먹으러 가요" "이번에는 이렇게 진행하기로 해요" "이 자료 작성은 퇴근 전에 끝내요"

문제) 다음 중 존대어를 바르게 사용한 것은?

① 아저씨, 말 좀 물어보겠습니다(길 가던 젊은이).
② 아버님, 식사하세요(며느리가 시아버지에게).
③ 주례 선생님 말씀이 계시겠습니다(결혼식 사회자).

이 가운데 존대어를 제대로 사용한 것은 없다. ①은 "말씀 좀 여쭤 보겠습니다."가 옳은 표현이다. 요즘엔 앞뒤도 없이 다짜고짜 묻기도 일쑤이다. ②는 "진지 잡수십시오."가 맞다. 젊은 세대에선 '말씀', '댁', '진지', '생신', '연세', '병환' 같은 어휘 자체가 실종됐다. '여쭙다', '잡수시다', '주무시다' 도 좀처럼 듣기 어렵다. ③은 어법을 무조건 높이다 보니 행위나 물건까지 존대하는 사례다.

국어학자들은 존댓말이 6 · 25 후 산업화 초기에 무너지기 시작했다고 본다. 나 먼저 먹고, 나 먼저 가려는 마음이 앞서 남에 대한 배려가 사라지면서부터였다. 위당 정인보는 "말은 마음의 소리"라고 했다. 존대어가 살아나면 우리의 심성(心性)에 난 모도 많이 깎이게 될 것이다.

조선일보(2010. 7. 23.)

'수고'는 '고통을 받음'이라는 아주 부정적인 의미를 지닌다. 이러한 부정적인 의미로 인해 '수고'라는 단어를 웃어른을 향해 쓰는 것을 자제하는 것이다. 뿐만 아니라 직장에서도 '수고하다'라는 말은 조심해서 써야 한다. 아랫사람이나 동료에게는 쓸 수 있어도 상급자에게는 쓸 수 없다.

"부장님, 오늘 과장님이 너무 수고하셨습니다. 저희들이 부끄러울 정도입니다."와 같은 식으로 이야기해서는 곤란하다. "부장님, 오늘 과장님이 정말 애 많이 쓰셨습니다."와 같이 '애 많이 쓰셨습니다' 혹은 '애쓰셨습니다'로 표현하면 무난할 것이다.

아랫사람이 먼저 퇴근하는 경우에 상급자가 남아 있으면 "수고하십시오."라고 인사해서는 안 된다. 먼저 나가는 것도 얄미운데 더 '고생하라'니 말도 안 되는 인사가 되기 때문이다. 이런 경우에는 미안한 마음을 담아 "내일 뵙겠습니다.", "먼저 실례하겠습니다." 등과 같은 인사말로 표현해야 한다.

조항범(2009)

(3) 소개

처음 만난 자리에서 상대에게 혹은 여러 사람들 앞에 자신을 소개하는 일은 매우 중요하다. 자신은 물론 자신의 소속직장에 대한 첫인상을 결정짓는 계기가 되기 때문이다. 여러 사람이 모인 자리에서 한 사람씩 자기소개를 하는 경우 본인의 차례가 되었을 때 자리에서 일어나 소개를 한다.

① 본인이 자기소개를 직접 할 때는 "처음 뵙겠습니다. 저는 ○○(직장명)에 있는 ○○(직함) ○○○(성명)입니다"라고 하여 소속과 성명을 밝힌다. 만일 다른 사람이 중간에서 소개를 먼저 해 주었을 때는 "안녕하십니까. ○○○(성명)입니다"라고 한다.

② 자신이 중간에서 다른 두 사람을 소개해야 할 때는 자신이 소속한 회사의 관계자를 다른 회사의 관계자에게, 직장 상급자나 부하직원을 손님이나 고객에게, 하급자를 상급자에게, 한 사람을 여러 사람에게, 연소자를 연장자에게, 남성을 여성에게, 후배를 선배에게 먼저 소개하도록 한다. 예를 들어 최기정 선배와 한경원 후배가 처음 만났을 때 내가 두 사람을 서로 소개할 때는 "최 선배님, 이쪽은 대학 후배 한경원입니다." 다음으로 "경원 씨, 이분이 최기정 선배님이십니다."라고 순서를 정해 소개한다.

(4) 명함수수

비즈니스 만남의 첫인사처럼 관례가 된 것이 명함이다. 비즈니스 상황의 인간관계에서 가장 효과적이고 중요한 도구임에도 불구하고 명함교환의 매너를 제대로 지키는 것이 쉽지 않다. 명함이란 첫 만남에서 가장 먼저 자신을 알림과 동시에 시간이 지난 후에도 기억될 수 있는 것이므로 올바른 명함수수 매너를 익혀 두어야 한다.

① 명함준비는 비즈니스에 있어 신뢰의 시작이다. 비즈니스상의 만남에서 명함을 준비해 가지 않았거나 부족하게 준비해 간다면 상대로부터의 신뢰감

을 포기한 것이다. 그러므로 명함은 항상 여유 있게 준비하도록 한다.

② 명함은 명함지갑에 보관한다. 카드와 현금, 명함을 하나의 지갑에 넣어 꺼내는 사람이 있는데 명함은 명함만을 보관하는 지갑을 따로 준비해야 한다. 기본적으로 명함지갑은 슈트 상의의 안주머니나 가방에 넣어 두는 것이 좋다.

③ 명함은 깨끗한 것이어야 한다. 구겨지거나 낡은 명함을 건네는 경우 자기관리가 안 되는 사람이라는 인식을 심게 된다. 명함은 자신의 얼굴과도 같으므로 항상 깔끔하고 깨끗하게 보관된 명함을 건네도록 한다.

④ 명함의 모든 정보는 현재의 것이어야 한다. 회사 주소와 전화번호, 개인 휴대폰 번호 등이 변경되거나, 소속과 직함이 바뀌었을 경우 수정된 새 명함을 준비한다. 간혹 볼펜으로 줄을 그은 명함을 사용하는데, 이는 게으르고 안일한 인상을 줄 수 있으므로 주의한다.

⑤ 명함교환은 양손을 함께 사용한다. 명함을 전달할 때는 반드시 자리에서 일어나 두 손을 사용해 건넨다. 혹은 상대가 명함의 내용을 바로 볼 수 있는 방향으로 해서 오른손으로 명함의 한쪽 끝을 잡고 왼손으로 오른손의 손목을 가볍게 받친다. 명함을 받는 사람도 두 손으로 공손하게 받거나 한 손으로 다른 손의 손목을 받친 상태에서 받으면 된다. 명함수수 시 명함의 내용을 손으로 가리지 않는 것도 주의한다.

⑥ 상대가 보는 곳에서 양해 없이 받은 명함에 메모를 하지 않는다. 명함 관리를 위해서 만난 날짜와 시간 등을 메모하여 정리하는 것은 바람직하지만, 메모는 상대가 보지 않는 곳에서 이루어져야 한다.

⑦ 명함을 받은 즉시 바로 넣지는 않아야 한다. 명함을 교환한 뒤 상대의 성명과 직함을 확인하고 외우도록 한다. 명함을 받은 후에는 상대의 직함으로 바르게 호칭을 사용하는 것이 매너이다.

⑧ 상대의 명함을 소중히 다룬다. 상대에게 받은 명함을 대화 도중 만지작거리거나 손장난을 하는 경우가 있다. 명함은 자신의 얼굴도 되지만 타인의

얼굴이기도 하므로 소중히 다루지 않는 무례한 태도는 삼가야 한다.

⑨ 상대로부터 받은 명함은 자신의 명함지갑에 넣되 자신의 것과 섞이지 않도록 해서 보관을 한다.

⑩ 받은 명함의 관리를 성실히 한다. 개인마다 명함을 관리하는 방법이 다르지만 그 비결의 공통점은 깔끔한 정리이다. 명함을 받고 나면 사무실로 돌아와 명함 뒷면에 만난 날짜, 장소, 목적, 상대의 관심사 등을 간단하게 메모하여 정리하는 습관을 가지면 인맥 관리의 절반은 성공할 수 있다.

(5) 업무수행

① 출근과 퇴근

○ 출근

출근시간은 업무시작 10～20분 전에 도착하도록 생활화한다. 회사에 일찍 출근하면 하루의 일을 여유 있게 시작할 수 있다. 직장생활에서 지각은 금물이다. 사실 지각은 피치 못할 사정 때문에 하기보다는 습관이 되기 쉽다. 만일 지각을 했을 때는 상급자 앞에 가서 "늦어서 죄송합니다."라고 사과를 하고, 늦은 사유를 설명한다. 이때 먼저 사과부터 해야지 이유나 변명부터 하는 것은 매너가 아니다.

아침에 사무실에 들어서면 활기찬 표정과 자세로 "안녕하십니까."라고 하루를 시작하는 인사를 나눈다. 상급자가 들어오면 자리에서 일어나 인사를 행한다.

개인적인 사정으로 결근을 하거나 출근이 늦어지게 되는 경우에는 출근시간 전에 자신의 직속 상급자에게 전화로라도 사유를 설명하여 전체 업무에 차질이 없도록 해야 한다.

○ 퇴근

퇴근 준비는 근무시간이 끝난 다음 정돈을 시작한다. 퇴근시간이 채 되기 전 슬그머니 서두르지 않도록 한다. 업무에 집중하지 않고 계속 시계만 바라보고 있거나 전화로 퇴근 후의 약속을 잡으면서 잡담으로 시간을 보내지 않도록 한다.

퇴근시간이 되면 업무를 마무리하고 다음 날의 업무계획을 미리 작성하여 업무가 순조롭게 이어질 수 있도록 하는 것이 필요하다. 책상을 비롯해 주변을 깨끗이 정돈한 뒤 퇴근을 한다.

퇴근 인사는 서로 수고와 격려의 마음을 담는다. 일반적으로 다른 사람보다 먼저 퇴근할 경우에는 "먼저 실례하겠습니다.", "내일 뵙겠습니다."라고 인사말을 건넨다.

② 업무지시와 보고

○ 지시

직장에서 상급자로부터 업무에 관한 지시를 받을 때는 필기도구를 준비해 가서 지시내용을 경청하고 중요 사항을 기록한다. 상급자의 말을 중간에 가로막는 일 없이 끝까지 듣도록 하고 질문이 있거나 의문이 가는 사항은 상급자의 말이 끝난 후 질문하여 명확히 확인한다. 지시 내용에 대한 의견이 있을 때는 근거가 되는 자료나 사실에 토대를 두어 책임 있는 내용을 진술하도록 한다. 만일 지시받은 내용이 자신이 처리가 불가능한 업무인 경우에는 상급자와 다시 상의하도록 한다.

○ 보고

지시를 받고 수행한 일은 반드시 지시한 상급자에게 직접 보고하는 것이 원칙이다. 보고를 위한 자료준비로 내용을 정리함에 있어 육하원칙을 잘 활용하여 작성한다. 자료는 2부 이상 준비하여 하나는 상급자가 다른 하나는 자신이 보는 자료로 사용하며, 반드시 파일로 저장해 둔다. 보고를 할 때는 내용의 핵심을 명확하게 숙지하여 논리적으로 조리 있게 설명하며, 관련 자료를 미리 메모하여 첨부하도록 한다. 예상 질문에 대한 대답도 준비해 둔다. 보고 시 업무수행의 결과와 자신의 소견은 반드시 구분해야 한다. 보고순서는 결론, 주요 경과와 내용 그리고 소견으로 사실에 입각한 객관적인 보고를 한다. 이때 바른 자세로 서서 상급자의 얼굴과 자료를 번갈아 보면서 내용을 전달한다. 상급자의 피드백이 있는 경우 경청을 하면서 필요한 사항을 메모한다.

③ 결재

결재는 업무수행을 공식적으로 인정하는 수단이며, 업무 추진의 근거가 되는 중요한 서류이다. 결재 서류는 성실하고 완벽하게 작성해야 하며, 결재를 받아야 하는 시기를 감안하여 미리미리 준비해야 한다. 또한 결재를 받는 시간은 업무가 너무 바쁘지 않은 오전이 바람직하다.

오늘날 전자결재가 일반화되고 있어 모니터를 통해 결재서류를 보게 된다. 결재를 올리는 사람은 이를 보는 사람을 위해 문서의 크기와 양식을 배려해야 한다. 전자결재라도 출력문서가 요구되는 경우를 위해 그에 맞는 준비를 해 두는 것이 바람직하다.

④ 외출

근무시간 중 자리를 비울 때는 상급자나 동료직원에게 반드시 외출의 목적과 목적지, 귀사 예정 시간을 알리도록 한다. 30분 이상 자리를 비울 때는 책상을 정리하고 나가도록 한다. 만일 외출한 곳에서 시간이 지연되면 전화로 연락을 한다. 특히 외출의 용무가 길어지거나 만날 사람이 부재중이어서 시간이 지체되는 경우가 있다. 그 사실을 직장에 연락하여 궁금해하지 않도록 한다. 만일 외출을 했다가 집으로 직접 귀가를 할 때도 반드시 직장으로 전화를 건다. 회사로부터 긴급 지시를 받을 수 있으며, 그날의 업무 상황을 전화로라도 보고해야 할 경우가 있기 때문이다.

⑤ 출장

업무수행을 위한 출장은 직장을 대표하는 사람으로서 바른 태도를 지녀야 한다. 출장에 앞서 목적을 정확히 파악하여 면밀하게 일정을 관리할 수 있는 사전 계획을 세운다. 목적지에 도착하면 숙소를 정하고 직장에 알리며, 이동 시에는 반드시 연락을 취해 놓는다. 출장 상황에 있어서도 중요 사항이나 변경된 일정을 중간보고하는 것을 잊지 말아야 한다. 출장에서 돌아오면 상급자에게 전화나 구두로 먼저 보고하고, 가급적 서둘러 보고서를 작성해 제출하도록 한다.

⑥ 업무수행을 위한 통신매체 사용

○ 전화

전화를 걸 때 얼굴에 미소를 지으면 자연스럽고 맑은 목소리를 낼 수 있다. 전화를 거는 자신의 모습이 보이지 않는다고 방심해서는 안 된다. 전화를 걸기 전 상대의 전화번호, 성명과 직함을 확인하여 실수가 없도록 한다. 전화를 걸어 특정 내용에 대해 전화로 문의하는 경우라면 사전에 필기구와 메모지를 준비하여 기록하도록 한다. 용건은 간단하게 하고 통화 중 전화가 끊어졌을 경우 기본적으로 전화를 건 쪽이 다시 건다. 상대가 부재중이어서 전언메모를 부탁할 때는 필요한 사항에 대해 정중한 어조로 전달하고 그 내용을 확인한다. 통화가 끝나면 전화를 건 사람 쪽에서 먼저 수화기를 내려놓아야 하지만 상대가 상급자나 연장자이면 상대가 전화를 끊고 나서 수화기를 조용히 내려

놓는다.

전화를 받을 때는 벨이 3번 이상 울리지 않도록 주의한다. 수화기를 들고 자신의 소속과 성명을 밝히고 상대를 확인한다. 상대의 목소리가 잘 들리지 않을 경우 "크게 말씀해 주십시오." 등의 직접적인 표현보다는 "죄송하지만 다시 한 번 말씀해 주시겠습니까."라고 완곡한 표현으로 요청한다. 전언메모를 해야 할 때는 전화를 건 사람의 소속, 성명, 용건, 연락처를 기재하고 전화가 온 날짜와 시간 그리고 전화를 받은 사람의 성명을 함께 적어 놓는다.

○ E-mail(전자우편)

이메일을 보낼 때 받는 사람의 이메일 주소를 정확히 확인하여 입력한다. 제목은 메시지 내용을 함축하여 명료하게 쓴다. 이는 전달할 메시지가 제목을 통해 부각될 수 있기 때문이다. 따라서 스팸메일로 오해의 소지가 있는 제목은 쓰지 않도록 해야 한다. 본문은 간단한 인사말로 시작하여 꼭 필요한 내용을 간결하게 담아 전달하도록 한다. 업무용 이메일은 공적인 편지이므로 채팅용어의 사용은 자제하여 올바른 문법을 적용하도록 한다. 글자의 크기와 색, 줄 간격 등을 보기 좋게 작성한 후 보내는 사람의 소속과 성명, 이메일주소, 전화번호를 기재한다. 한 번 전송한 메일은 다시 고칠 수 없으므로 보내기 전 반드시 작성내용을 검토한다. 여러 사람에게 동시에 이메일을 발송하는 경우라면 받는 사람들의 직위순으로 하는 것이 좋다.

만일 파일을 첨부할 때는 보내야 하는 파일이 맞는 것인지를 확인하고, 용량이 큰 경우 압축을 하거나 그림파일은 jpg 등으로 파일전환을 해서 보낸다. 상대의 이메일 용량 부족 상황으로 인해 메일이 제대로 들어가지 못할 경우를 대비해 수신확인도 잊지 않도록 한다.

이메일을 받았을 때는 자신에게 온 메일에 대해 빠른 시간 내에 확인하여 답장을 보내도록 한다. 답장을 보낼 때는 받은 이메일의 본문에 삽입하기보다

새 문서로 작성하여 보내도록 한다. 기밀문서가 도착하는 경우에는 보안에 주의를 기울여야 하므로 직장 내에서는 업무상 중요한 메일을 열어 두고 자리를 비우지 않는 것도 유념해야 한다.

○ 팩스(FAX)

팩스는 신속 정확하게 문서를 발송할 수 있는 장점이 있지만 비밀이 보장되지 않는 단점이 있다는 점을 잊지 말아야 한다. 사무실에서 공동으로 사용하는 팩스일 경우 비밀 보장이 안 되므로 문서를 보낼 때는 내용에 따라 수신자에게 의향을 물어 발송하도록 한다. 실제 수신자에게 팩스로 보낸 문서가 전달되기까지 여러 사람을 거치는 경우도 있다. 팩스가 24시간 Open되어 있지 않는 경우라면 미리 전화로 송신 여부를 밝힌 다음 보내도록 하고, 국제간 통신일 경우에는 시차를 고려하여 받는 이에게 불편함을 주지 않도록 해야 한다. 무조건 한국 시간만을 기준해 팩스를 보낼 때 상대국은 한밤중이거나 새벽일 수도 있다.

팩스를 보낼 때는 표지에 받는 사람의 소속과 성명, 보내는 날짜, 문서의 전체 장수, 보내는 사람의 소속, 성명, 전화번호, 팩스 번호를 입력한다. 팩스로 보낼 문서는 여백을 충분히 두어 용지가 잘려 나가 내용을 파악할 수 없는 경우가 생기지 않도록 한다. 팩스로 보내는 문서의 내용이 중요한 것일 때는 내용을 송신한 후 곧 상대에게 확인전화를 해서 들어간 문서의 장수와 글씨 상태 등을 확인한다.

(6) 타사방문과 손님응대

① 타사방문

타인의 사무실을 방문할 경우 사전에 약속시간을 정한다. 방문을 위한 약속은 일방적으로 통보하기보다 상대의 상황을 알아보고, 방문 목적, 체재시간을 알려 서로가 가능한 시간으로 정한다. 대개 업무가 시작되는 이른 오전이나 업무 마감시간은 사무실이 바쁘므로 피하는 것이 좋다. 일반적으로 오후 2~5시쯤이 적당하다.

사무실을 방문하기 전 용무에 필요한 서류와 관련 자료를 챙겨 가방에 넣어 가져간다. 인사를 나누는 자리에서 소개를 위한 명함도 준비해 간다. 방문의 목적이 비즈니스를 위한 것이라면 정장 차림이 적합하다. 동행자가 있는 경우 미리 전화로 밝힌다. 약속시간에 늦지 않도록 방문할 장소의 교통편 및 위치를 사전에 점검하여 약속시간 5분 전에는 도착할 수 있도록 한다.

사무실에 도착하면 안내를 받아 들어간다. 안으로 들어가기 전 무거운 코트가 있다면 벗어서 팔에 든다. 약속을 한 사람과 대면하면 가방과 코트를 잠시 내려놓고 악수로 인사를 한 후 명함을 건네며 간결하게 자기소개를 한다. 좌석은 상대가 권하는 의자에 앉도록 한다. 이때 상석(上席)의 위치를 기억하면 도움이 된다. 대개 출입문에서 먼 쪽이 상석이며, 창문이 있을 경우 창문을 바라다보는 쪽이 상석이다. 의자에 앉을 때 코트는 의자의 등받이나 팔걸이에 놓고, 가방은 의자의 오른쪽 아래 바닥에 놓는다. 상대가 차를 대접하기 위해 원하는 차의 종류를 질문하면 마시고 싶은 차를 명확히 말하는 것이 좋다. 차를 대접받은 후 감사의 인사를 하고 대화를 나누면서 천천히 마시도록 한다. 방문의 용무가 끝나면 일어나 정중하게 감사의 인사를 나누도록 한다.

② 손님응대

손님과의 원만한 관계유지는 자신은 물론 자신이 속한 직장의 발전과도 밀접하게 관련됨을 주지해야 한다. 사무실을 방문한 손님이 처음 대면하는 사람은 안내자이다. 안내하는 사람은 밝은 표정과 친절한 자세로 손님을 응대한다.

응대하는 사람은 손님을 향해 인사를 한 후 방문의 용건을 물어 확인한다. 손님이 약속한 사람을 기다려야 할 경우 안내자는 차를 대접하거나 사보 혹은 신문 등을 제공하여 지루하지 않도록 배려한다. 차를 대접할 때는 계절에 맞추어 준비할 수는 있으나 대접이 가능한 차의 종류를 먼저 전달한 후 손님의 취향과 선택을 물어 접대하는 것이 더 바람직하다.

◎ 사무실 안으로 차를 가져갈 때는 노크를 한 뒤 문을 연다. 이때 한 손으로는 쟁반을 들고 다른 손으로 문을 연다.

◎ 목례를 하고 응접실로 들어선다. 문을 조용히 닫고 테이블 앞으로 가 보조 테이블에 쟁반을 내려놓는다.

◎ 잔에 받침접시를 받쳐 두 손으로 상석부터 한 사람씩 정중하게 손님 앞으로 차를 드린다. 찻잔을 내려 놓는 위치는 손님의 정면에서 약간 우측, 테이블 끝에서 약 10cm가량 안쪽이 적당하다.

◎ 커피를 대접할 경우 기호에 따라 설탕과 크림을 넣는 데 차이가 있으므로 이 점을 유념한다. 커피 잔의 경우 손잡이를 손님이 보는 방향에서 오른쪽으로 향하게 놓는다.

◎ 차를 다 낸 다음에는 쟁반을 두 손으로 든 다음 목례를 하고 뒤로 물러서듯 조용히 나온다.

손님이 방문의 용무를 마치고 사무실을 나설 때는 가지고 온 소지품을 놓고 가지 않도록 세심하게 주의를 기울인다. 손님을 배웅할 때는 사무실 문 앞이나 엘리베이터 앞까지 나가 인사를 한다.

2. 사교문화와 매너

1) 테이블 매너

인류학자 시드니 민츠는(1998) 『설탕과 권력』에서 "인간이 무엇을 먹는다는 것은 단지 배를 채우는 행위가 아니라 자신에게나 다른 사람에게 내가 누구이며 어떤 사람인지를 말해 주는 행위"라고 하였다. 오늘날 음식문화를 얼마나 품위 있게 향유할 수 있는지 그리고 이를 어떻게 유용하는지는 현대인의 문화적 소양과 인간관계에 필요한 교양의 척도를 가늠하는 중요한 잣대로 활용된다.

(1) 식사

『맛의 생리학』 저자 브리야사바랭(Brillat - Savarin)은 "당신이 무엇을 먹는지 말해 준다면, 그대가 어떤 사람인지 말해 주겠다."라는 말을 하였다. 한 사람이 특정한 음식을 선택하여 마시고 먹는 행위 속에는 그가 속한 집단의 수많은 문화적 상징과 규칙이 담겨 있다. 음식을 선택하여 마시고 먹는 일, 즉 식사는 개인에게 있어서 단순히 생명을 유지하기 위한 일차적 기능뿐 아니라 어떻게 식사를 하느냐 하는 태도에 따라 그의 인격과 품위, 가정환경과 교육수준 등을 평가하는 잣대로의 부가적 기능까지 지니는 것이다.

테이블 매너에는 개인이 속한 집단의 음식에 대한 다양한 규칙들과 문화가 담겨 있다. 일상적인 테이블 매너는 시대, 국가, 문화, 자연환경 등에 따라 각기 다른 양상을 보이지만 공통적으로 추구되는 것은 '타인에 대한 배려'와 '즐거움'이 함께한다는 사실이다. 글로벌시대에 살고 있는 우리가 다른 사람들과 함께하는 음식을 먹는 테이블에서 식기를 바르게 사용하고, 문화권에 따른 테이블 매너를 익혀서 활용할 수 있는 것은 타인에 대한 배려와 식사를 통한 즐거움을 추구하는 데 필수요건이 되고 있다.

① 한국 음식과 테이블 매너

○ 한국 음식문화

오늘날 인사말로도 쓰이고 있는 "언제 식사나 한 번 같이하시죠."라는 말이 있다. 이 말을 단순히 밥을 먹자는 이야기로 받아들이는 사람은 없을 것이다. 이 인사말에는 상대와의 식사를 통해 긍정적 관계를 형성, 유지하고 싶다는 의사가 담겨 있음을 알고 있기 때문이다.

한국의 음식문화는 자연적, 사회문화적 환경과 조화를 이루며 발전되어 왔다. 한반도라는 지정학적 위치, 즉 한국의 자연환경은 음식문화의 재료선택 측면에 많은 영향을 미쳤으며, 사회문화적 환경은 조리법, 제도와 풍속상에서 한국 음식의 정체성을 형성하는 역할을 하였다.

예를 들어 한반도는 다양한 농수산물을 음식의 재료로 손쉽게 이용할 수 있는 환경을 가졌으며, 사계절이 비교적 뚜렷하여 계절에 따른 식재료를 이용한 발효음식 개발과 식품저장 기술이 발달된 특징을 지녔다. 또한 기후의 지역적 차이로 각 지방마다 특색 있는 농수산물이 생산되어 지역적 특성을 살린 음식들이 발달하였다. 지정학적 특성상 육로와 해상을 통한 외국문화의 교류로 새로운 식재료나 조리방법, 식문화를 도입할 수 있는 배경도 갖추었다.

한편 한국의 음식문화는 조선시대를 기점으로 사회문화적 제도의 측면에서 일상식 상차림 외에도 유교의 영향하에 의례상차림이 발전하였다. 신분계층에 따라 궁중음식, 반가음식, 서민음식 등으로 분리된 것도 특징이다. 절식(節食)과 시식(時食)의 발달과 함께 이를 즐기는 풍속이 이루어져 식생활문화에 풍류성이 더해졌으며, 농경사회를 기반으로 하는 공동체 의식은 음식을 함께 나누어 먹으면서 동질성을 확인하는 공동식의 풍속을 발달시켰다.

한국의 일상식 상차림은 쌀, 보리, 조 등의 곡물로 지은 밥을 주식으로 하고, 채소류, 해조류, 어패류, 수조육류, 콩류 등을 이용한 반찬을 부식으로 하는 주식과 부식이 분리된 형태를 지녔다. 주식은 곡물을 이용한 조리법을 응용해 밥, 죽, 미음, 면 등의 종류가 주를 이루었다. 부식은 맛이 담백하고 주식에 조화를 이룰 수 있도록 음식의 간을 중히 여긴 것이 특징이다. 특히 음식의 간은 약식동원(藥食同原)의 조리법에 의거해 약처럼 이롭기를 바라는 마음으로 음식과의 조화를 이루고자 하여 약념(藥念)이라고도 불렀다.

한국의 일상식에서 가장 기본이 되는 것은 반상(飯床)이다. 반상이란 주식인 밥과 부식인 반찬으로 구성된 상차림으로 기본 음식인 밥, 국, 김치, 장, 찌개, 찜, 전골 등을 제외한 반찬 그릇(쟁첩)의 수에 따라 3, 5, 7, 9, 12첩으로 나뉜다. 이러한 한국음식은 처음부터 상 위에 음식이 전부 차려져 나오는 공간 전개형으로 차림이 완성된다. 또한 상차림은 음식을 먹는 사람의 수에 따라 외상, 겸상, 두레상으로도 구분된다.

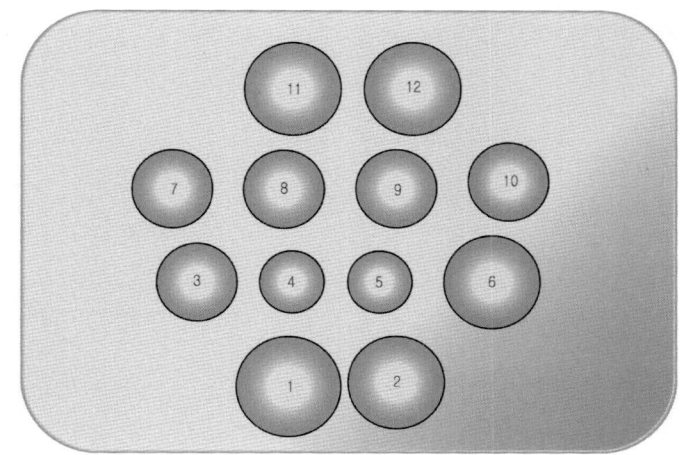

1. 밥
2. 국
3. 마른반찬
4. 간장
5. 초간장
6. 찌개
7. 생채
8. 숙채
9. 전
10. 구이
11. 김치
12. 나박김치

〈그림 9〉 한식 5첩 반상차림

○ 한식 테이블 매너

상급자나 연장자과 함께 자리를 하는 경우 상석에 앉으실 수 있도록 먼저 자리를 권한다. 착석 후 테이블과 가슴 사이의 간격은 주먹이 하나 정도 들어 갈 만큼 사이를 둔다. 식사 전 대화를 나눌 때 슬프거나 불쾌한 내용의 화제는 삼간다.

상급자나 연장자가 수저를 들어 식사를 시작하면 아랫사람도 먹기 시작한다. 한국 음식은 수저를 이용하여 먹을 수 있도록 조리되어 있다. 음식을 먹을 때는 숟가락과 젓가락을 한 손에 쥐고 식사하지 않도록 한다. 외상을 제외한 상차림에는 개인 접시를 놓도록 하여 필요한 만큼 음식을 덜어 먹을 수 있게 한다. 식사 중 생선 가시나 고기 뼈는 테이블 바닥이 아닌 개인 접시에 모아 놓는다. 식사 중 음식을 씹는 소리, 국물을 마시는 소리, 수저나 식기 부딪치는 소리가 나지 않도록 유의하며, 지나치게 게걸스럽게 먹거나 본인 취향에 맞는 맛있는 음식만 골라 집중적으로 먹는 등의 행동은 삼간다. 또한 식사 중에 팔꿈치를 테이블 위에 놓거나 턱을 고이지 않도록 한다. 식사 속도는 함께한 상급자나 연장자와 보조를 맞추는 것이 좋다. 식사 중에는 대화를 즐기되 음식물이 입안에 있을 때는 말하지 않도록 한다.

식사를 마치면 뚜껑이 있는 그릇은 뚜껑을 다시 덮어 놓도록 한다. 수저도 원래 놓여 있던 위치에 가지런히 내려놓는다. 한편 테이블에서 트림을 하거나 화장을 고치거나 입속을 물로 소리를 내어 헹구는 행동 등은 삼간다.

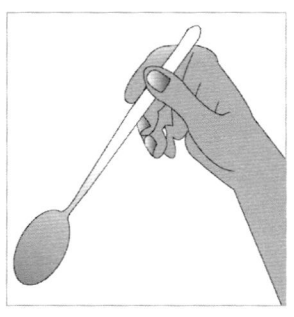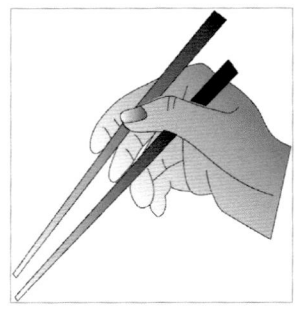

〈그림 10〉 올바른 수저 잡는 법

② 중국 음식과 테이블 매너

○ 중국 음식문화

중국의 음식문화와 관련한 여담 중 "중국인들은 네발 달린 것은 책상 빼고 다 먹는다."라는 말이 있다. 이는 중국인들의 식재료 선택이 매우 자유롭고 광범위함을 알 수 있는 내용으로 중국인들의 음식문화가 얼마나 폭넓은지를 보여 준다.

중국은 넓은 영토와 광범위한 기후대를 배경으로 식재료의 선택이 자유로 워 이를 다루는 조리법 또한 다양하게 발달하였다. 조리 시에는 향신료 및 기름과 녹말을 많이 사용하며, 외양이 풍요롭고 화려한 것이 특징이다. 또한 상 차림에 있어서 시간의 경과에 따라 음식이 순차적으로 나오는 시간계열형이 일반적이다.

중국음식은 크게 지역적으로 북경, 광동, 사천, 상해 요리로 분류하는데 지역별 음식문화의 특징은 다음과 같다. 첫째, 북경요리는 지리적으로 한랭한 북방지역에 위치한 특성상 높은 열량이 요구되기 때문에 육류를 이용한 튀김과 볶음 요리가 대표적이다. 오랫동안 중국의 정치, 경제, 문화의 중심이었던 관계로 궁중요리를 비롯하여 고급요리가 발달하였다. 대표 음식으로는 베이징덕(북경 오리고기구이), 수안양러우(양고기 샤브샤브) 등이 유명하다. 둘째, 광동 요리는 수산물 및 농산물이 풍부하고 외국과의 교류도 빈번한 지역적 조건을 갖추고 있다. 광동지역의 요리는 서양요리에 들어가는 재료와 조미료도 쓰며 해산물과 생선 요리가 많은 것이 특징이다. 비교적 간이 싱겁고 기름도 적게 쓰며, 재료를 지나치게 익히지 않아 음식의 색이 살아 있고 산뜻한 맛을 지닌다. 피옌피루주(어린 통돼지 구이), 빠빠오차이(팔보채), 홍샤오따이췬치(상어지느러미찜)등이 유명하다. 셋째, 사천요리는 산간지역으로 바다가 멀고 추위가 심한 영향으로 마늘, 고추, 파 등 향신료를 많이 쓴 매운 요리가 발달한 것이 특징이다. 마포또푸(마파두부), 후어꿔 등이 대표 음식이다. 넷째, 항구도시이면서 국제도시인 상해요리는 풍부한 미곡과 해산물을 이용한 요리가 발달하였고, 여기에 서양식이 곁들여져 기름지고 달콤한 음식문화가 형성되었다. 대표적으로 홍사오러우(돼지고기 간장양념 요리), 푸룽칭셰(바닷게 요리) 등이 유명하다.

중국음식의 코스요리는 전채와 주채 그리고 후식인 뎬신으로 이루어진다. 전채코스에서는 냉채와 열채 순으로 제공된다. 주채에서는 튀김, 볶음, 찜, 조림 중 몇 가지를 내며 마감은 탕채로 한다. 마지막 코스인 후식으로는 밥, 빵, 죽, 만두, 면, 달콤한 음식들 중 선택에 따라 몇 가지가 제공된다.

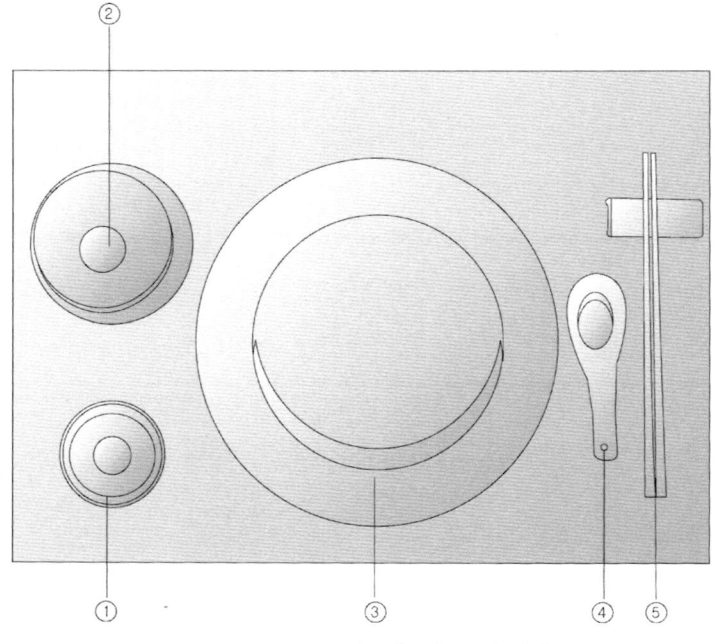

1. 찻잔
2. 수프 볼
3. 주요리용 접시
4. 수프용 스푼
5. 젓가락

〈그림 11〉 중식 상차림

○ 중식 테이블 매너

실용주의적 의식이 강한 중국인들의 성향은 테이블에서도 여실히 드러나는데, 가장 최고의 테이블 매너가 바로 맛있게 먹는 것이라고 한다. 맛있는 음식을 두고 번잡하게 형식을 고집하는 것을 좋아하지 않는 중국의 독특한 테이블 매너를 살펴보기로 한다.

중국 식탁은 대개 원형이다. 원형 탁자가 놓인 자리에서는 안쪽 중앙이 가장 상석으로 이를 주빈의 자리로 정하며 가장 하석은 입구 쪽으로 문을 등지고 앉는 자리이다.

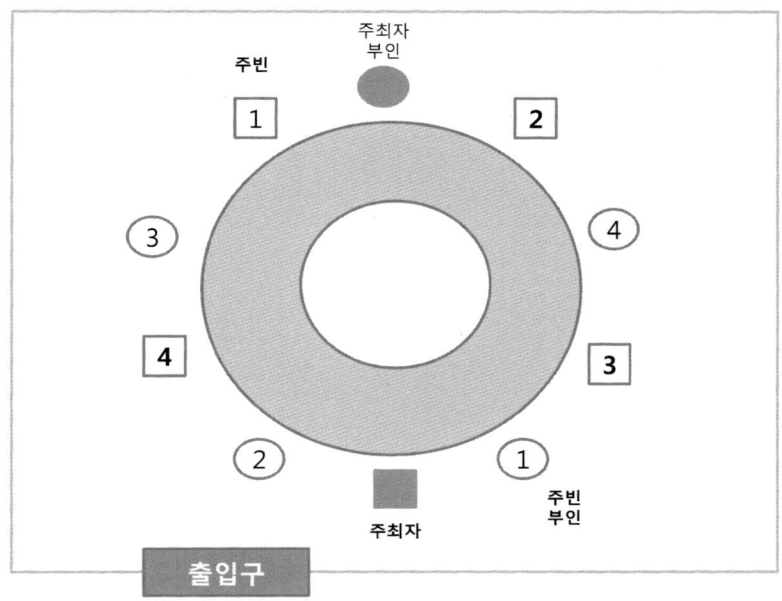

〈그림 12〉 부부동반 시 중식 원형테이블 좌석 배치

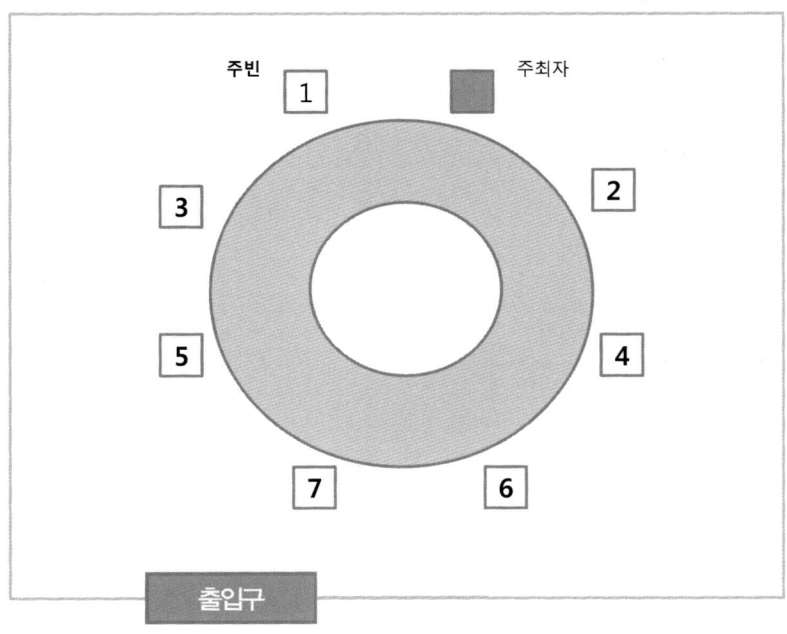

〈그림 13〉 주빈과 주최자가 나란히 앉는 경우 중식 원형테이블 좌석 배치

식사 전 주최자가 술을 따른다. 건배 시 다른 참석자들은 초대에 대한 감사를 하며, 잔을 두 손으로 감싸 눈높이까지 올려 경의를 표시한다. 건배 후 첫 잔은 다 비우는 것이 기본이지만 자신이 없으면 '간뻬이(乾杯)' 대신 '쓰으이(隨意)'라고 말하고 술을 조금만 마시고 남긴다. 중국에서는 첨잔이 가능한 반면 술잔은 돌리지 않는다.

식기 사용에 있어 요리를 덜 때에는 개인 젓가락이 아닌 공동 젓가락을 사용한다. 개인접시는 요리가 바뀔 때마다 교환해도 무방하다. 접시는 손으로 들지 않고 테이블에 놓은 상태로 먹는다. 반면 밥이나 탕 그릇은 들고 먹는다. 렝게(숟가락)는 탕을 먹을 때만 사용하며 먹은 뒤에는 뒤집어 놓는다. 젓가락은 사용 후 접시에 걸치지 말고 테이블에 가지런히 놓는다.

수저를 잡을 때는 손잡이의 파인 부분에 검지를 넣고 엄지와 중지로 잡으며, 입에 가져갈 때는 숟가락 부분의 정면이 아닌 옆으로 가져가 사용한다.

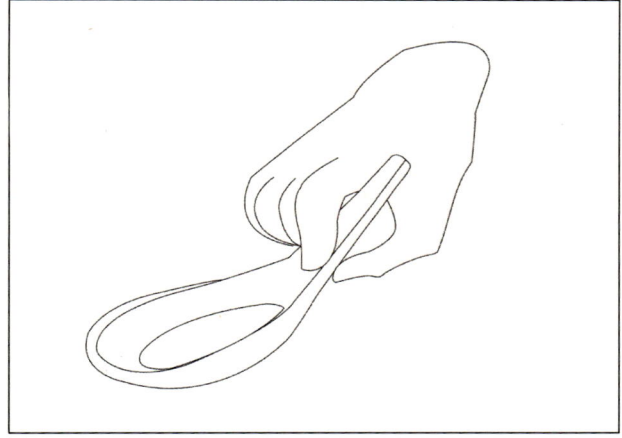

렝게 잡는 법

식사 중 원형 회전테이블은 시계방향으로 천천히 돌려 자신의 앞으로 이동시킨 후 각자 적당량을 덜어 먹되 여러 번 덜어 먹어도 무방하다. 다만 다른 사람이 음식물을 덜고 있는지 확인 후 유의하여 테이블을 돌린다. 만두나 빵은 손으로 작게 잘라 나누어 먹는다. 새로운 요리가 나와 주최자가 권하면 주빈부터 덜어서 먹는다. 차는 식사 전후뿐 아니라 식사 중에도 마신다. 중식 테이블에서는 옆 사람에게 서로 음식을 권하고, 대화를 나누며 천천히 즐기는 것이 좋다.

식사 후 후식은 단맛이 강하므로 조금씩 덜어서 먹도록 하며, 식사 후 접시의 음식을 깨끗하게 비우기보다는 약간 남겨 두는 것이 매너이기도 하다.

③ 일본 음식과 테이블 매너

○ 일본 음식문화

일본의 음식문화는 섬이라는 지리적 특성을 배경으로 해산물을 이용한 요리가 대표적이다. 요리의 맛뿐만 아니라 색과 모양에도 주안을 두며, 이를 담아내는 식기의 색, 재질, 형태를 고려한 장식에도 관심을 두어 음식과의 조화를 도모하는 시각적 아름다움 속에 먹는 즐거움을 누린다. 이로 인해 일본음식을 '보면서 즐기는 요리'로 평하기도 한다. 또한 일본음식은 재료, 기물, 장식, 맛에서 계절의 분위기와 풍미를 살린 요리가 특색 있게 발달하였다. 또한 조리법상 재료가 가진 본래의 담백한 맛을 최대한 살려 먹는 특징을 지니고 있어 조미료를 진하게 쓰지 않는 편이다.

일본요리는 지역적으로 크게 관동지역과 관서지역으로 구분된다. 관동지역 음식은 에도요리로 불리는데, 설탕과 간장을 사용하여 음식의 맛을 진하게 내며, 국물이 거의 없는 것이 특징이다. 생선 초밥, 튀김, 민물장어, 메밀국수 등이 대표 음식이다. 반면 전통적인 일본 요리가 발달한 관서지역은 교토의 채소와 건어물 요리, 오사카의 생선 요리가 주종을 이룬다. 음식의 맛이 담백하고 순하며, 국물이 많고 재료의 색과 형태를 최대한 살리는 특징이 있다. 복어요리, 송이버섯요리 등이 유명하다.

일본의 정찬요리는 형식적 특성상 혼젠(本膳)요리, 가이세키(會席)요리, 가이세키(懷石)요리, 쇼우진(精進)요리로 구분된다. 혼젠은 정식으로 차리는 의식 요리이며, 가이세키(會席)는 형식을 갖춘 연회요리이다. 또 다른 가이세키(懷石)는 다도의 일부로 차를 마시기 전 간단히 요기를 하는 요리이며, 쇼우진은 선종(禪宗)사찰 요리로 채소류와 두부류를 주로 사용하는 요리이다. 일본 상차림의 기본은 공간전개형이며, 정식 만찬의 상차림은 시간계열형이다.

일본 요리 중 주류를 이루는 코스는 가이세키(會席)요리이다. 혼젠요리를 간소화한 가이세키요리의 가짓수는 5품, 7품, 9품, 11품, 13품 등 홀수로 구성된다. 대개의 경우 음식은 전채→맑은 국→생선회→조림→구이→초회(여름에는 찜, 겨울에는 튀김)→밥→과일의 순으로 나온다.

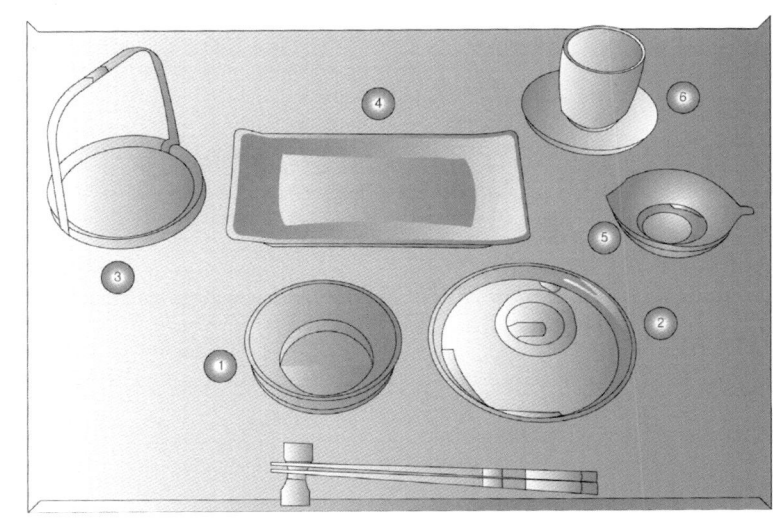

1. 밥
2. 국
3. 튀김
4. 디너접시
5. 절임
6. 물잔

〈그림 14〉 일식 상차림

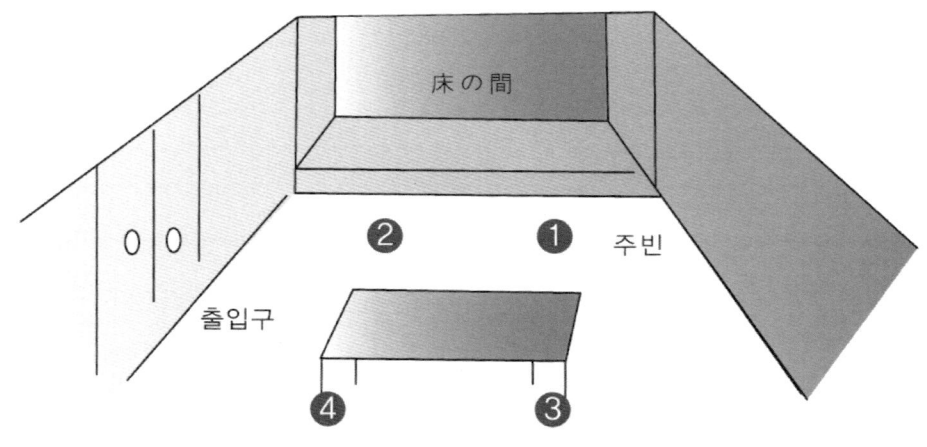

〈그림 15〉 일식 테이블에서의 좌석 배치

○ 일식 테이블 매너

자리에 앉을 때는 아랫사람이 먼저 앉아 상급자나 연장자를 기다린다. 상석은 문에서 먼 안쪽이면서 장식 벽면의 앞이나 도꼬노마(床の間)의 앞이 된다.

주최자가 식사를 권하면 "잘 먹겠습니다."라고 인사말을 하고 식사를 시작한다. 일식 테이블 매너에서는 특히 젓가락 사용에 많은 주의를 해야 한다. 테이블 세팅 시 젓가락은 수평으로 사용자가 앉은 앞쪽에 위치해 놓여 있다. 젓가락을 들 때는 오른손으로 젓가락의 가운데를 들면서 왼손으로 아래쪽을 받쳐 든 후 오른손을 이용해 바르게 고쳐 잡아 사용한다. 식사 중 젓가락 끝에 묻게 되는 음식물은 물수건을 이용하여 닦아 내며, 음식을 개인 접시에 덜 때는 공용 젓가락을 사용한다.

음식이 나오면 식기에 뚜껑이 있는 경우 밥그릇, 국그릇, 조림그릇 순으로 열어 뒤집어서 테이블 바닥에 놓는다. 젓가락을 국물에 살짝 적신 다음 우선 국물을 한 모금 마신다. 밥을 먹을 때는 양손으로 밥그릇을 들어 왼손 위에 올려놓고, 오른손으로 젓가락을 잡아 그릇을 입 가까이에 가져가서 밥을 먹는다. 밥을 한 입 먹은 후 여러 가지 반찬이 아닌 한 가지 반찬을 먹는다. 국그릇은 두 손으로 들어 입 가까이에 대고 여러 번 나누어 조금씩 마시며, 국건더기는 젓가락을 사용해서 먹는다. 회를 먹을 경우 회 위에 젓가락으로 고추냉이를 살짝 바른 후 간장을 찍어 먹는다. 초밥은 간장을 생선 쪽에 찍어서 손이나 젓가락을 이용해 먹는다. 생선요리는 머리 쪽부터 아래로 내려가면서 먹는다. 생선은 한 면을 다 먹은 후 뒤집지 않고 뼈를 들어낸 후 나머지 부분을 먹는다. 꼬치요리는 젓가락으로 하나하나 빼서 먹는다. 메밀국수는 젓가락으로 면을 집어 만 후 장국에 조금씩 찍어 가며 먹는 것이 원칙이며 소리를 내면서 먹어도 무방하다. 식사 중 술을 함께할 경우 부득이 술을 마시지 못한다면 다른 음료라도 대신해 건배에 응하는 것이 좋은 매너이다. 술을 마심에 있어 상대의 잔이 비기 전에 술을 더 따라 주어야 한다. 자신이 마시던 잔을 상대에게 주어 잔을 돌리는 행동은 삼간다. 테이블에서 그릇을 이동할 때는 밀거나 당기는 것이 아니라 들어서 움직여야 한다. 테이블 위의 모든 기물은 사용하고 나면 항상 제자리에 놓는다.

식사를 마치면 뚜껑이 있는 그릇은 다시 덮어 두며, 젓가락은 처음 세팅되었던 대로 수평으로 사용자 쪽으로 가지런히 놓고 잘 먹었다는 인사를 한다.

Plus Manner - 츠마(つま)

회에 곁들여지는 무채, 해초, 큰 잎사귀 등을 '츠마'라고 하는데 이것은 그릇에 담긴 회를 아름답게 보이게 하기 위한 장식적인 역할과 더불어 입 안에 남아 있는 다른 요리의 맛을 지우고, 회의 맛을 한층 돋우는 역할을 한다.

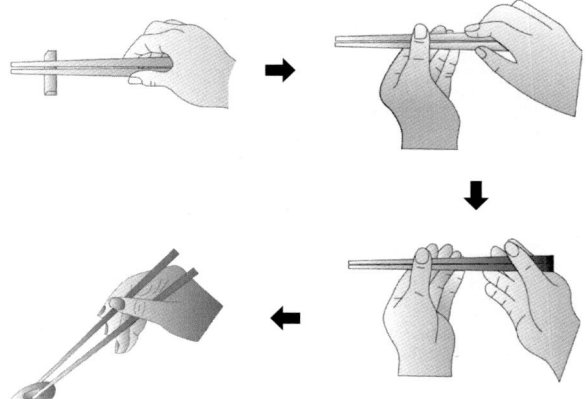

〈그림 16〉 일식에서 젓가락 잡는 법

Plus Manner - 일식 테이블에서 '젓가락' 이렇게 사용하지 마세요.

◎ 입으로 젓가락을 빠는 행위

◎ 음식을 젓가락으로 찔러서 먹는 행위

◎ 젓가락으로 그릇을 밀거나 당겨 이동시키는 행위

◎ 그릇 위에 젓가락을 걸쳐 올려놓는 행위

◎ 젓가락을 이용해 사물이나 사람을 가리키는 행위

◎ 밥그릇 한복판에 젓가락을 꽂아 두는 행위

④ 서양 음식과 테이블 매너

서양 음식이란 이탈리아, 프랑스, 영국, 미국 등의 요리를 의미하며, 각 나라의 지리적 조건, 기후, 문화 등의 차이에 따라 특징이 다르게 나타난다.

일반적으로 서양 음식은 향신료를 많이 이용하고 소금, 후추, 버터 등의 기본 조미료를 기호에 따라 조절하여 사용한다. 조리법에 있어서 되도록 큰 덩어리로 조리하며 건열을 이용한 오븐요리가 많은 것이 특징이다. 건열 이용은 조리시간 단축과 조리 과정에서 생기는 영양 손실을 막고 원재료의 맛까지 살릴 수 있는 요리법이다.

상차림에 있어서는 코스별로 일정한 순서에 의해 음식이 순차적으로 나오는 시간계열형이 일반적이다.

서양식의 정통이라 일컫는 프랑스식을 기준으로 정찬 상차림을 살펴보기로 한다. 프랑스식 정찬은 만찬의 형식으로서 세계적으로 통용되고 있다. 정식 만찬 메뉴의 구성은 전채요리→수프→화이트와인/생선요리→셔벗→레드와인/육류요리→샐러드→치즈→파이 또는 과자→과일→차의 순서로 준비된다.

이 가운데 전채요리는 식욕을 촉진시키기 위해 식사 전에 가볍게 먹는 것으로 찬요리와 더운 요리가 있으며, 셰리주나 칵테일 등의 식전주가 곁들여지기도 한다. 스프는 맑은 스프인 콩소메와 진한 스프인 포타주가 있는데 포타주는 담백한 요리에, 콩소메는 진한 맛의 메뉴에 잘 어울린다.

생선요리로는 담백한 생선이나 해산물이 나오는데 화이트와인을 함께 곁들인다. 생선요리와 육류요리 사이에 제공되는 셔벗은 단맛이 적고 약한 알코올 성분이 들어 있는 빙수와 같은 것으로 다음 코스의 식사를 위해 입안을 산뜻하게 하고 미각을 새롭게 하기 위한 것이다. 소고기, 양고기, 돼지고기 등을 주로 하는 육류요리에는 레드와인을 곁들인다. 샐러드는 육류요리를 전부 먹고 난 다음 또는 육류와 함께 제공된다. 치즈는 샐러드와 디저트 사이에 나온다.

달콤하고 부드러운 맛의 디저트는 과자, 과일 등이 제공되고, 마지막 코스로 차를 마시게 된다.

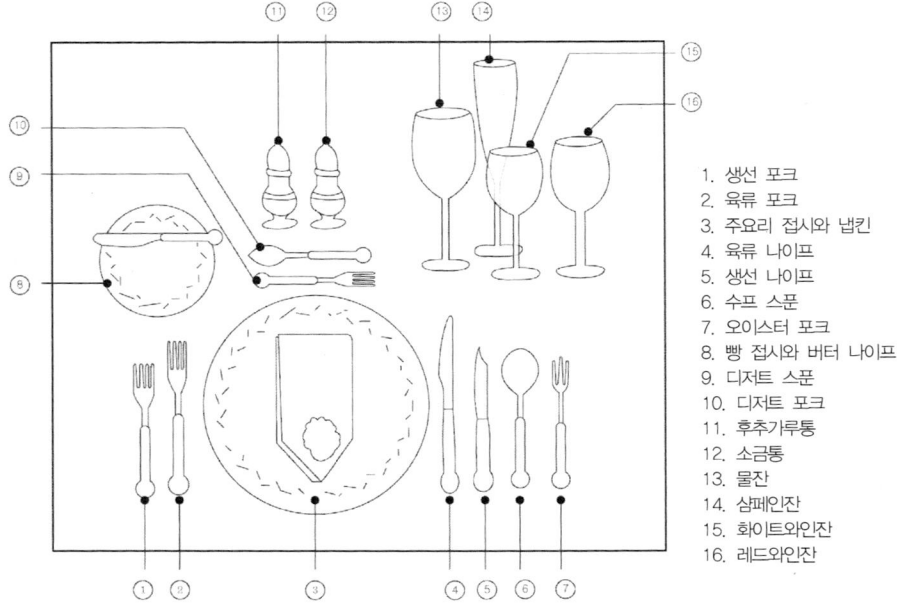

1. 생선 포크
2. 육류 포크
3. 주요리 접시와 냅킨
4. 육류 나이프
5. 생선 나이프
6. 수프 스푼
7. 오이스터 포크
8. 빵 접시와 버터 나이프
9. 디저트 스푼
10. 디저트 포크
11. 후추가루통
12. 소금통
13. 물잔
14. 샴페인잔
15. 화이트와인잔
16. 레드와인잔

〈그림 17〉 양식 상차림

○ 양식 테이블 매너

참석자는 종업원의 안내를 받아 자리로 간다. 레스토랑에서의 상석은 전망
이 좋은 곳이다. 창가라면 외부 전경이 한눈에 내려다보이는 곳이며 쇼를 관
람하면서 식사하는 경우라면 무대가 제일 잘 보이는 곳이다.

테이블의 좌석 배치가 필요한 경우 주최자와 주빈의 자리를 먼저 정한 후
다른 사람들의 서열을 감안하여 자리를 배정하면 된다. 만일 부부동반 연회라
면 주최자와 주최자 부인의 자리를 정한 후 주빈을 시작으로 하여 서열에 따
라 자리를 배정한다.

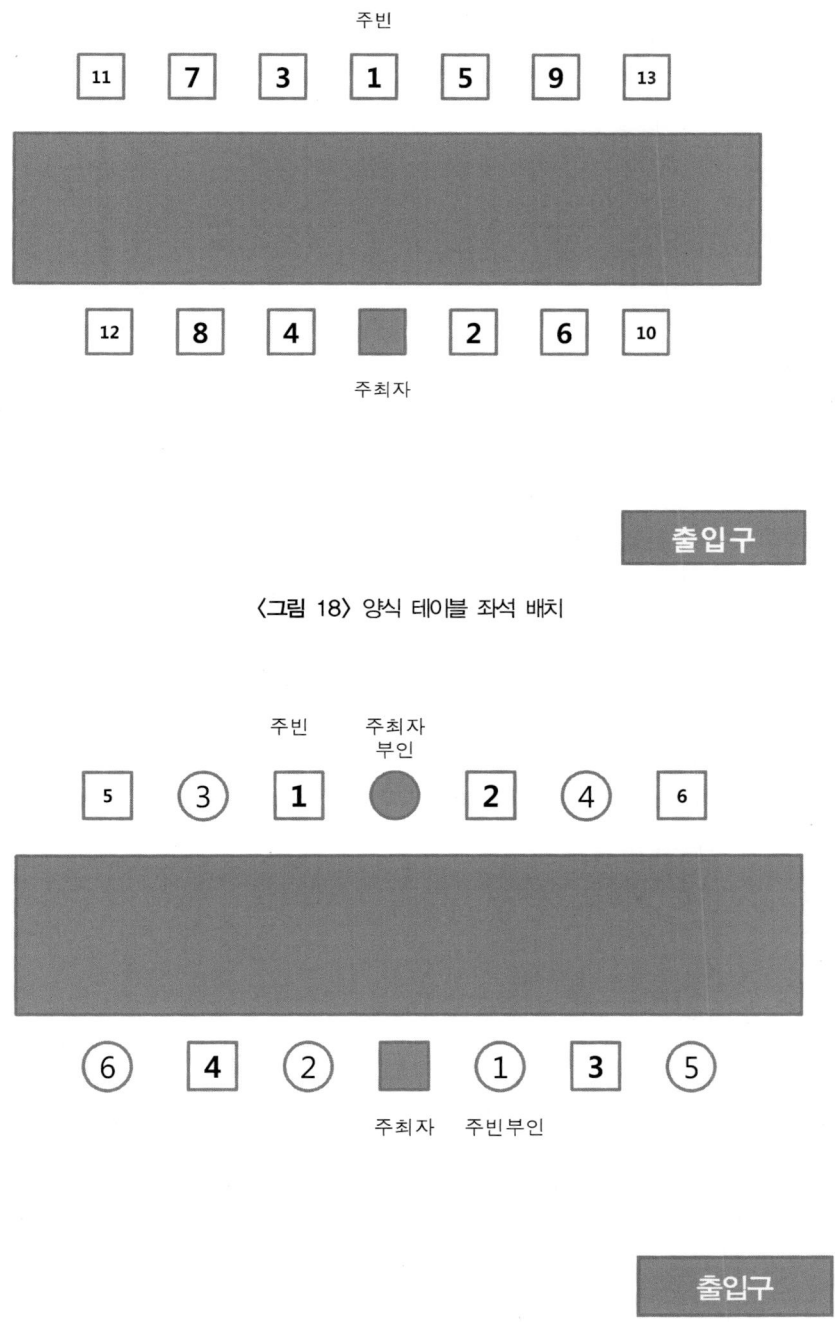

주빈

| 11 | 7 | 3 | 1 | 5 | 9 | 13 |

| 12 | 8 | 4 | | 2 | 6 | 10 |

주최자

출입구

〈그림 18〉 양식 테이블 좌석 배치

주빈　　주최자
　　　　부인

| 5 | 3 | 1 | ● | 2 | 4 | 6 |

| 6 | 4 | 2 | | 1 | 3 | 5 |

주최자　　주빈부인

출입구

〈그림 19〉 부부동반 시 양식 테이블 좌석 배치

식사 중에 자리를 비우는 것은 위급한 상황이 아니면 무례한 행동이 되므로 착석 전에 용무를 보는 것이 테이블 매너의 기본이다. 의자에 앉을 때에 핸드백은 의자의 등받이와 자신의 등 사이에 둔다. 의자에 앉았을 때 손은 자연스럽게 테이블 위에 두지만 팔꿈치를 테이블 위에 올려놓는 행동은 삼간다. 앉았을 때 테이블과 가슴의 거리는 대략 주먹 하나 정도를 사이에 두고 등을 바로 세워서 앉는다.

음식을 주문할 때는 다른 참석자들과 의견을 나누어 선택하도록 한다. 종업원을 부를 때는 손을 가볍게 들도록 한다. 복잡하고 난해한 메뉴라면 종업원에게 음식에 대한 자문을 구하거나 추천할 음식은 없는지 물어본다. 주문 시에는 동일한 코스에서 두 가지 이상의 음식을 주문하지 않도록 하고, 생략하고 싶은 코스는 징검다리로 건너뛰어도 무방하다. 일반적으로 정식 곧 타블도트(table d'hote)는 품질에 있어서 선택해 볼 만한 메뉴다. 주문 시 스테이크의 익힘 정도는 자신의 식성에 맞게 주문한다.

고기를 굽는 정도에 따라 스테이크를 분류하면 다음과 같다.

◎ 로우(raw): 한국의 육회나 타타르 스테이크처럼 익히지 않은 생고기 상태

◎ 블루 레어(blue rare): 겉만 빨리 구워 색을 내고 속은 생고기 상태

◎ 레어(rare): 겉만 익히고 속은 붉은 상태

◎ 미디엄 레어(medium rare): 레어보다 피가 적게 밴 상태

◎ 미디엄(medium): 속까지 뜨겁게 구워져 나오며 가운데는 핑크빛이 강한 상태

◎ 미디엄 웰던(medium well-done): 거의 다 구워졌지만 한가운데는 연한 핑크빛이 남아 있는 상태

◎ 웰던(well-done): 속까지 익은 상태

◎ 번트(burnt): 타 버린 상태

한국경제(2008. 10. 31.)

식사 주문 후 주빈이나 주최자가 냅킨을 펼치면 다른 참석자들도 무릎에 펼쳐 놓는다. 건배를 하는 절차가 있으면 건배가 끝난 후에 냅킨을 펴는 것이 좋다. 냅킨은 두 겹으로 접었을 때 접힌 쪽이 자기 몸 쪽으로 오도록 해서 사용한다.

식사 중 자리를 뜨는 것은 분위기를 깰 수 있기 때문에 삼가야 하지만 부득이하게 일어나 잠시 자리를 비워야 할 경우에는 냅킨을 의자 위에 놓으며, 만일 냅킨을 사용 중에 떨어뜨렸을 경우에는 종업원을 불러 새것을 가져오도록 요청하면 된다. 식사를 마친 후에는 냅킨을 가볍게 접어 테이블 위에 올려 놓는다.

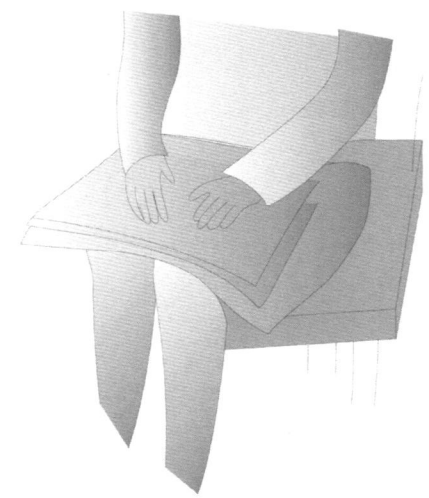

〈그림 20〉 냅킨을 무릎에 펼친 모양

세계 어디서나 테이블 매너를 평가하는 중요 요소는 식기를 제대로 사용할 수 있느냐의 여부이다. 특히 양식 식기 사용은 테이블 매너의 시작으로, 그 사용방법에 따라 무언(無言)의 커뮤니케이션을 담고 있기에 더욱 유의해야 한다. 세계인 중 45%가 식사도구로 나이프와 포크, 스푼을 사용하며, 36%가 젓가락을, 11%가 손과 포크를, 8%는 손만을 사용한다고 한다. 양식 식사도구에는 나이프, 포크, 스푼 이외에도 핑거볼, 물 잔, 와인 잔, 조미료 병, 냅킨 등이 포함된다.

포크는 왼손에, 나이프는 오른손에 잡으며, 코스에 따라 주요리 접시를 중심으로 바깥쪽에 있는 것부터 좌우 한 개씩을 사용하도록 한다. 이때 포크는 등이 위로 가게 한다. 식사 중 포크와 나이프는 날이 안쪽으로 향하게 하여 접시 양 끝에 八 자형으로 걸쳐 놓거나 서로 교차해 놓는다. 식사 중 포크와 나이프를 들고 사람이나 물건을 가리키지 않으며, 나이프를 직접 입에 대지 않아야 한다. 식사 중에 포크나 나이프를 바닥에 떨어뜨렸을 경우 직접 줍지 말고 새것으로 교환해 줄 것을 종업원에게 요청하도록 한다. 식사를 마치면 포크와 나이프는 오른편으로 나란히 4시 20분 방향으로 놓는다. 이 때 나이프는 위쪽, 포크는 아래쪽에 둔다.

식사 중일 때 　　　　　　　식사를 잠시 멈출 때 　　　　　　식사를 마쳤을 때

〈**그림 21**〉 상황에 따른 나이프와 포크의 위치

나이프와 포크는 이탈리아의 발명품이다. 1500년대 초까지는 나이프만 사용하였으며 손으로 음식을 먹고 핑거볼(Finger Bowl)에 손을 닦았는데 후반에 들어 집어 먹을 수 있는 도구가 추가되어 12개의 나이프와 1개의 포크가 1세트로 되었다고 한다. 이 같은 나이프와 포크가 알프스를 넘어 프랑스나 영국으로 보급된 것은 1533년 이탈리아 피렌체의 부호 메디치가의 둘째 딸인 카트린느 드 메디치가 프랑스의 앙리 2세에게 시집갈 때 지참물로 가지고 간 것이 계기가 되었다. 이렇게 해서 프랑스 왕실에서는 포크를 사용하기 시작했다. 당시에는 포크가 날카롭게 두 갈래로 되어 있었으나, 위험하다고 하여 세 갈래, 네 갈래로 모양이 변하게 되었다.

테이블 위에서 물 잔은 주요리 접시를 중심으로 본인의 오른쪽에 놓여 있는 것을 사용하면 된다. 식사를 하면서 물, 음료, 와인 등을 마시기 전 냅킨을 이용해 입을 닦는 것은 잔을 깨끗하게 유지하기 위해서이다. 식사 중에는 본인의 편의대로 세팅된 식기의 위치를 바꾸어서는 안 된다. 종업원이 음식을 가져와 테이블에 놓을 때 그것을 받아서 테이블에 놓거나 식사를 마치고 그릇을 정리해서 주는 행동도 삼간다.

식사 순서에 따른 테이블 매너를 살펴보면 다음과 같다. 식전주는 식욕촉진을 위한 것으로 너무 많이 마시지 않는 것이 좋다. 보통 한두 잔이면 적당하다. 한 잔 더 청할 때는 처음에 마신 것과 같은 것으로 한다. 전채요리 역시 식욕을 돋우기 위해 식전에 먹는 음식으로, 생굴이 나온 경우에는 왼손으로 껍질을 잡고 포크로 관자 부분을 떼어 내어 먹으며, 카나페는 손으로 들고 한 입에 먹는다.

수프는 마시는 것이 아니라 먹는 것이기에 조금씩 떠서 먹고, 소리를 내어 먹지 않도록 한다. 이때 수프를 뜨는 방향은 앞쪽에서 뒤쪽으로 조금씩 뜬다. 스푼을 사용할 때는 펜을 쥐는 것처럼 약간 위쪽을 잡는데, 엄지가 손잡이 중앙에 가까이 오고 다른 손가락들이 받쳐 주듯이 한다. 수프를 먹을 때는 스푼을 한입에 다 넣지 말고, 입술 끝에 올려놓고 기울여 흘러내리게 하여 먹는다. 간을 보지도 않고 수프에 소금, 후추 등을 뿌리는 것은 요리사에 대한 실례이므로 주의한다. 만일 본인의 자리에서 멀리 놓여 있는 소금이나 후추 병을 이용하고자 할 때는 옆 사람에게 부탁하여 건네받는다. 수프를 다 먹은 후에는 스푼을 그릇 안에 둔다.

빵은 수프를 먹은 후부터 메인요리가 끝날 때까지 먹도록 하며, 주요리 접시를 중심으로 왼쪽 접시에 놓여 있는 것이 본인 몫의 빵이다. 빵은 조금씩 손으로 떼어서 먹는다.

Plus Manner - 빵은 왜 나이프와 포크를 사용하지 않을까?

빵을 먹을 때 나이프와 포크를 사용하지 않는 것은 성경에서 빵을 그리스도의 살이라고 했기 때문에 칼을 함부로 대지 않는다는 의미와 탈무드에서의 빵은 반드시 자기가 먹을 만큼만 가져와 먹도록 하는 충고를 바탕으로 빵에 칼을 대지 않는다고 한다. 더불어 갓 구워 낸 빵에 금속이 닿으면 빵의 맛이 떨어지기 때문이기도 하다.

동아일보(2008. 4. 18.)

생선은 뒤집지 말고 위쪽을 먼저 먹은 후 중심의 뼈를 거두어 내고 나머지 부분을 먹는다. 생선요리에 곁들여 나오는 레몬은 형태에 따라 나이프나 손을 이용하여 즙을 짠다. 레몬 조각이 나오는 경우에는 엄지, 검지, 중지 세 손가락을 이용해서 즙을 짜며, 즙이 바깥으로 튀지 않도록 주의한다. 생선요리에 곁들이는 타르타르소스와 같이 걸쭉한 소스는 접시의 한쪽에 따로 덜어 놓고 필요할 때마다 포크로 묻혀 먹는다. 생선요리와 육류요리 사이에 셔벗이 나오는 경우에는 다리가 긴 글라스에 담겨 있으므로 왼손으로 글라스의 다리 부분을 잡고 오른손으로 디저트용 스푼을 이용해 떠먹는다.

육류요리로 스테이크를 주문한 경우 한꺼번에 잘라 놓지 않고 먹을 만큼씩 잘라 가며 먹는다. 미리 잘라 놓으면 육즙이 다 흘러나오고 빨리 식기 때문이다. 스테이크를 자를 때는 팔꿈치를 옆으로 벌리지 말고 팔목 부위만 움직여 자른다. 브라운소스와 같이 따뜻하고 묽은 스테이크 소스는 고기에 직접 뿌려서 먹는다.

샐러드는 주요리 접시를 기준으로 왼쪽, 즉 테이블의 왼쪽에 놓인다. 샐러드와 고기가 같이 나올 경우, 번갈아 먹도록 한다. 이때 샐러드용 포크와 나이프를 별도로 사용하지 않고 스테이크용으로 대신한다. 한입에 먹기 힘든 것만 나이프를 쓰고, 나머지는 포크를 오른손에 들고 먹는다.

식후 제공되는 치즈는 고기 맛을 가시게 하는 데 효과적이다. 치즈 껍질은 냄새가 강하므로 취향에 따라 먹기도 하고, 남겨도 된다. 몇 종류의 치즈를 먹을 경우 맛이 섞이지 않도록 풍미가 약한 것부터 한 가지씩 먹는다.

디저트로 나오는 과자류에서 파이나 케이크는 포크를 이용하고, 무스나 푸딩은 스푼을 이용해서 먹는다. 과일의 경우 자몽과 같이 수분이 많은 것은 스푼으로, 바나나와 같이 수분이 적은 것은 포크를 이용한다. 포도나 체리는 손으로 집어서 먹는다.

식사가 끝난 후 식기를 포개어 놓거나 한쪽으로 밀어 놓아서는 안 된다. 테이블에서 화장을 고치거나 이쑤시개를 사용하는 행동도 삼간다.

Plus Manner – 식사 중 상의를 벗어도 실례가 안 될까요?

기본적으로 테이블에서는 상의 단추를 채우고 앉는 것이 매너이다. 특히 상급자나 연장자와 테이블에 함께 있는 경우 상의의 단추를 채우고 앉는다. 그러나 주최자가 상의를 벗는다면 상의를 벗을 수 있는 예외가 있다.

(2) 커피와 차

오늘날 인간관계에서 커피와 차는 단순히 목마름을 해결해 주는 역할에서 벗어나 대화의 소재, 관계형성과 유지의 윤활유와 같은 소통의 매개체로 자리하고 있다. 일상의 만남에서도 비즈니스 차원의 모임에서도 활용되는 커피와 차에 관련된 문화와 매너를 바르게 익혀 활용할 수 있는 능력 또한 현대사회에서 요구되는 하나의 경쟁력이 될 수 있다.

① 커피문화와 매너

○ 커피문화의 역사

프랑스의 정치가 탈레랑은 "커피는 악마처럼 검고, 지옥처럼 뜨거우며, 천사처럼 순수하고, 사랑처럼 달콤하다."라는 명언을 남겼다. 이는 시대를 초월하여 공감할 수 있는 커피의 색, 향기, 맛, 그리고 느낌에 대한 대변이다.

1997년 미국의 『라이프지』는 지난 천 년의 세계사적 대사건 100가지를 선정 발표하였다. 그 가운데 인류의 생활 패턴을 바꾸어 놓은 사건, 78위가 바로 커피의 보급이었다. 이는 인류에게 커피가 단순한 음료가 아니라 역사적, 종교적, 문화적 상징을 담고 있음을 확인시켜 주는 것이다.

커피에 관한 최초의 기록은 11세기에 나타난다. 그러나 기원설은 좀 더 위로 거슬러 올라가 아라비아 반도 남서부에 위치한 예멘의 세이프라는 상인에 의해 에티오피아 카파고원에서 발견되어 이를 예멘에 갖고 돌아와 재배하여 마신 것이 인류가 처음 커피를 마신 순간으로 알려져 있다. 13세기 중엽 이래 아라비아를 중심으로 이슬람 세계에서부터 음용된 커피는 14~15세기에 이르러 판매를 위해 재배되었다. 특히 15세기 중엽 이슬람교의 중심지 예멘의 수피 교단을 비롯하여 메카, 메디나, 카이로에서 수행자들이 수행 시 잠을 몰아내는 자극제로서 커피를 귀히 여겼다. 이후 커피가 일반인들에게까지 보급되면서 코란의 가르침에 알맞은 것인지에 대한 시비가 일어나게 되었다. 이때 커피 반대론자들은 커피를 사람을 취하게 만드는 검은 종자라는 미명하에 적대시하였다.

1511년 법적으로 메카에서의 커피 금지 조치가 이루어졌으나 종교재판에서 금지조치는 위법판결을 받게 되었다. 16세기 이후 커피는 이슬람의 여러 도시에 급속도로 퍼져 나갔으며, 상인들에 의해 국제적 네트워크가 형성되어 이슬람 사람들이 가장 즐겨 마시는 기호품이 되었다. 혼인 서약 시에 남편은 아내가 원하는 대로 커피를 마실 수 있도록 해야 하며, 약속을 지키지 않으면 이혼할 수 있다는 다짐이 관행이 되기도 하였다. 1551년 최초의 커피하우스가 이스탄불에 문을 열었다. '카흐베하네'라고 불리던 커피하우스는 단순히 커피만 마시는 공간이 아닌 체스, 노래와 춤, 지식인들의 대화 명소로 자리를 잡게 되었고, 사교적이고 상업적인 공간을 넘어 정치적 토론의 장으로 바뀌어 나가게 되었다.

유럽에서는 로마 교황청의 세례까지 받게 된 커피가 17세기 초에 이르러 정식으로 수입이 되면서 수많은 애호가들을 확보하게 되고, 이어 유럽 곳곳에 다양한 커피하우스들이 문을 여는 배경을 이루게 되었다. 18세기 초에 이르면 커피는 유럽 모든 주요 도시에 선보이게 되고, 일반 시민의 일상적 음료가 되었다.

Plus Manner – 우리나라에서 최초로 커피를 시음한 사람은?

고종황제가 1896년 2월부터 경복궁에서 러시아 공사관으로 파천하여 1년간 머물게 되었던 시절, 커피를 즐겨 마셨다고 한다. 이때 커피 이름은 '가배(咖啡)차'라고 전해지는데, 이는 Coffee를 음역한 것이었다. 한편 고종황제에게 커피를 처음 접대했던 인물은 러시아 공사부인의 동생이었던 손탁이었다. 이어 1902년 손탁은 황실의 후원을 받아 덕수궁 뒤편에 우리나라 최초의 커피하우스를 열게 되었다.

○ 커피의 품종

커피 재배에는 서리, 건열풍, 한기라는 3대 적이 있다. 서리를 맞으면 나무가 얼어 죽고, 30도가 넘는 무더운 날씨가 2~3일 지속되면 나무가 고사하며, 5도 이하의 온도에서는 나무가 자랄 수 없다. 따라서 커피는 이러한 3대 적을 피해 적도를 중심으로 남회귀선과 북회귀선의 중간지역인 열대·아열대지역에서만 재배가 가능하다. 이 지역을 커피 존 또는 커피 벨트라고 부른다.

커피는 원산지에 따라 에티오피아가 원산지인 아라비카, 콩고가 원산지인 로부스타, 라이베리아가 원산지인 리베리카의 3대 원종으로 분류가 가능하다.

이들 품종 가운데 아라비카는 전 세계에서 생산되는 원두의 약 70%를 차지한다. 원산지는 에티오피아이며 주요 생산지는 아프리카, 남아메리카 등의 제3세계권이다. 아라비카의 생두는 모양이 납작하며, 맛은 로부스타에 비해 단맛, 신맛, 감칠맛이 뛰어나고 향기가 좋다. 적은 양의 카페인을 함유해 가격이 비싸다. 나무의 성질이 예민해 뿌리를 내린 생산지의 기후환경과 토양조건에 따라 독특한 개성을 지녀 같은 아라비카 품종이라도 생산지에 따라 맛과 향이 현저하게 차이가 난다. 이런 이유에서 커피의 이름에 콜롬비아, 브라질, 블루마운틴, 모카 등과 같이 생산된 국가나 지명이 붙는다.

로부스타 품종은 전 세계 생산량의 20~30% 정도를 차지한다. 원산지는 콩고이며 주 생산지는 인도네시아, 앙골라, 우간다, 베트남 등이다. 아라비카에 비해 맛과 향이 떨어지며 카페인 함유량이 많아 낮은 가격에 유통된다. 병충해에 강하고 재배 비용이 적게 들어 대량생산이 용이하므로 대부분 인스턴트커피의 주원료로 이용된다. 또한 아라비카 원두커피의 가격을 낮추기 위해 섞는 블렌딩용으로도 쓰인다.

리베리카 품종은 아프리카 라이베리아가 원산지로 맛과 향이 아라비카나 로부스타 품종의 원두보다 월등히 떨어져서 현재는 거의 재배되지 않고 원산지 일부 지역에서 다른 종의 품종 개량을 위한 과학적인 목적으로만 소량 재배되고 있다.

Plus Manner - '착한 커피'

'착한 커피'는 저임금과 열악한 노동환경에서 만들어지지만 대기업들이 이익의 대부분을 챙겨 가는 커피를 거부하고, 농민들에게 정당한 임금을 지불하고 그들의 노동환경을 지키며, 재배법을 지켜서 인간과 자연을 보호하는 원칙하에 공정한 무역으로 거래되는 커피를 이른다. 공정무역을 지키며 생산자와 소비자, 환경까지 생각하는 공정무역은 커피뿐 아니라 초콜릿, 쿠키, 축구공 등 여러 가지 상품과 기업으로 번져 나가고 있다.

○ 원두커피 내기

맛있는 커피를 내기 위해서는 신선한 생두를 사용해 로스팅하고, 되도록 추출하기 직전에 분쇄하는 것이 좋다. 물은 신선하고 차가운 물을 준비하며 한 번 끓였던 물은 사용하지 않는다.

핸드 드립(hand drip)을 위해 먼저 끓인 물로 서브를 따뜻하게 데운 후 드리퍼를 서버 위에 올려놓고 종이필터를 접어 드리퍼에 넣는다. 분쇄한 커피를 1인 기준 8g 정도를 종이필터에 넣어 커피를 평평하게 한다. 물을 부어 잠시 기다리다가 다시 물을 천천히 부어 가며 커피를 추출한다. 커피를 추출하는 전체 시간은 3분 이내로 해야 한다.

기호에 따라 내린 커피에 뜨거운 물을 희석해서 마신다. 커피를 따르기 전에 잔을 미리 따뜻하게 데워 두면 좋다. 추출한 커피는 3분 이내에 마시는 것이 좋다. 한 번 추출한 커피는 다시 가열하지 않는다. 이는 재가열 시 고유의 맛과 향을 감소시킬 수 있기 때문이다.

○ 커피의 메뉴별 특징

원두커피에 우유와 같은 첨가물이나 주류를 더한 커피 칵테일을 어레인지드 커피(Arranged coffee)라고 하며 다음과 같이 메뉴별로 특징을 지닌다.

Arranged Coffee Menu	특 징
카페오레 Cafe au lait	프랑스식 모닝커피로, 커피와 뜨거운 우유가 1:1로 들어간 커피이다. 이탈리아에서는 카페라테, 미국에서는 밀크커피로 불린다.
카푸치노 Cappuccino	이탈리아식 커피로, 우유거품과 휘핑크림 위에 계피가루를 뿌린 커피이다. 일명 신사의 커피라고도 한다.
아메리칸 커피 American coffee	레귤러커피보다 엷은 맛을 내는 커피로, 미국인들이 주로 음료수 삼아 즐겨 마신다.
에스프레소 Espresso	드미타스(일반 커피 잔의 반 정도 되는 크기의 잔)에 마시는 진한 커피로, 식후에 마시는 커피로 알맞다.
카페로열 Cafe royale	커피에 브랜디와 각설탕으로 푸른 불빛을 연출하는 커피로, 일명 커피의 황제로 지칭된다.

아이리시 커피 Irish coffee	커피에 뜨거운 위스키를 넣은 후 생크림을 얹은 커피로, 식후주를 대신할 수 있다. 일명 샌프란시스코 커피라고 한다.
비엔나커피 Vienna coffee	휘핑크림을 얹은 커피로, 티스푼으로 젓지 않고 마신다.
디카페네이티드 커피 Decaffeinated coffee	카페인을 제거한 커피로, 상카 커피라고도 불린다.
카페알렉산더 Cafe alexander	아이스커피에 브랜디와 카카오를 섞은 전통적 분위기의 남성용 커피이다.

에스프레소는 원두 로스팅 과정 중 아메리칸 스타일보다 좀 더 오랜 시간 볶아야 하기 때문에 원두에 남아 있던 수분이 증발할 때 카페인도 함께 사라진다. 따라서 맛은 에스프레소가 진하지만 카페인 양은 상대적으로 적은 양이 들어 있다.

김준(2006)

○ 커피음용 매너

커피에 설탕이나 크림을 넣을 때도 상급자나 연장자에게 먼저 권한다. 커피에 설탕이나 크림을 넣을 때는 개인용 티스푼을 이용한다. 별도의 공용 티스푼이 있는 경우 깨끗하게 덜어서 사용한 후 원래의 위치에 놓는다. 설탕이나 크림을 넣는 양은 개인의 기호에 따라 가감한다.

개인용 티스푼은 사용 후 잔의 뒤쪽에 놓는다. 커피 잔 속에 티스푼을 담근 채 마시지 않도록 한다.

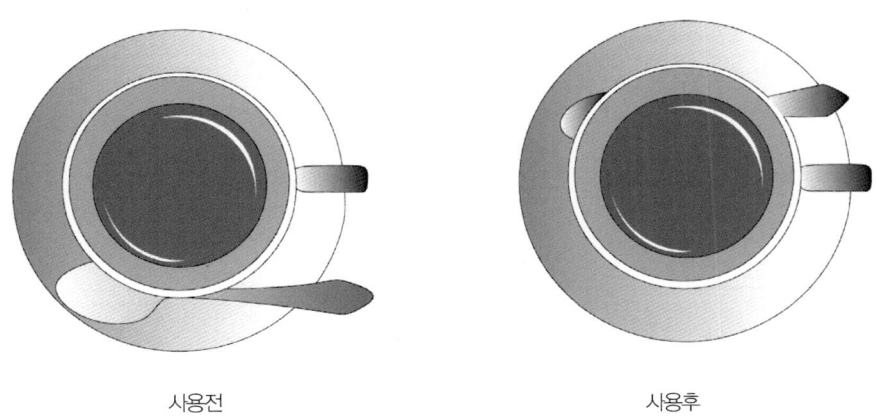

사용전   사용후

〈그림 22〉 티스푼 사용 전후의 위치

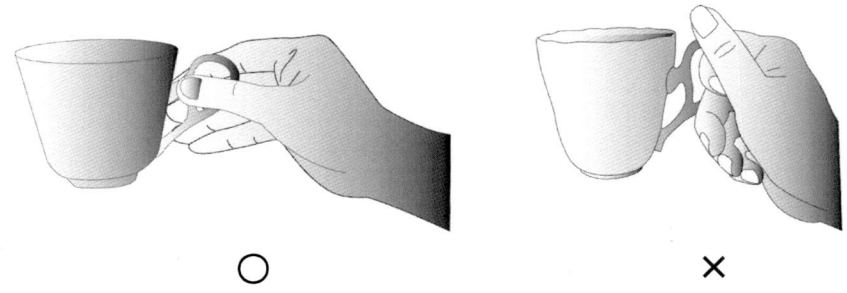

○   ✕

〈그림 23〉 커피 잔 잡는 법

커피 잔을 들 때 엄지와 검지를 마주하고 나머지 손가락을 가지런히 모아서 손잡이를 잡는다. 이때 검지를 손잡이에 넣어 마치 권총의 방아쇠를 당기듯 잡지는 않도록 한다.

커피 잔 받침과 잔을 함께 들지 않고 잔만 들어서 커피를 마신다. 커피를 마실 때는 아무리 뜨거워도 후후 불거나 스푼으로 떠먹거나, 마실 때 소리를 내지 않도록 한다. 커피를 한 번에 다 마시기보다는 천천히 향과 맛을 음미하며 마시도록 한다. 여성의 경우 커피 잔에 립스틱 자국이 남으면 닦아 내도록 한다.

② 차(Tea) 문화와 매너

○ 차 문화의 역사

인류사상 가장 오래된 음료인 차는 5,000년의 오랜 역사를 지녔다. 중국의 파ㆍ촉(현 사천지역)지역에 종다(種茶)ㆍ제다(製茶)ㆍ음다(飮茶)의 기원을 두고 있으며, 진(秦)나라 진시황이 중국을 통일하면서 점차 중원지역에 알려지기 시작하였다.

한(漢)대에 이르러 차는 그 이용 방법에 있어 약용, 식용에서 음용으로 발전하면서 보다 대중적 음료로 자리하기 시작하였고, 당(唐)과 송(宋)대에 이르러 체계적인 음다법과 제다법이 그 시대의 특징을 반영한 방법으로 형성되었다. 특히 당대의 육우는 최초로 차 관련 전문서인 『다경(茶經)』을 완성하여 오늘날 차 학문의 기본을 이루었고, 송대에 이르러 차는 일상생활의 기호품에서 중요한 생활필수품으로 인식될 만큼 전 지역과 계층으로 보급되어 중국 차 문화사에서 가장 화려한 문화를 형성하게 되었다. 또한 당송시기의 사회적인 문화로 자리를 잡은 차는 주변국인 한국과 일본, 티베트에 전래되어 각국의 특성을 반영한 다양한 차 문화를 배태하게 되었다. 명(明)대에 이르러

서는 음다법의 대변혁이라 할 수 있는 포다법 시대가 주원장의 주창 아래 이루어지면서 잎차의 우림 방법이 전개되었다. 명대에 차 가공기술이 발달되면서 차의 종류가 다양해졌고 청(淸)대에 이르면 청차가 만들어져 오늘날 말하는 6대 다류(茶類)가 완성되었다.

중국의 차가 서양에 알려진 시기는 16세기이다. 17세기에는 동인도회사를 통해 중국과 일본의 차가 유럽에 수출되어 상류층의 음료로 보급되었고 차와 관련한 중국 도자기 등이 함께 수출되어 유럽 나라들마다의 풍토와 환경에 맞춰진 독특한 문화를 탄생시켰다. 특히 영국에서는 산업혁명 이후 홍차문화를 형성하게 되었고 홍차의 종주국으로 자리하게 되었다. 17세기 이후 차는 유럽과 아메리카 대륙에 전해져 세계적인 음료로 확산되었다.

오늘날 웰빙과 슬로푸드의 대표적 식품으로 각광을 받고 있는 차에 대한 관심은 단순히 건강 차원을 넘어서 사람과 사람 간의 소통을 위한 매개 음료로 더욱 주목받고 있다. 현대인들에게 있어 한 잔의 차는 목마름을 해결해 주는 단순한 음료에 머무르지 않는다. 인류의 문화적 유산과 삶의 미학이 담겨 있는 한 잔의 차를 마시는 것은 문화를 느끼고 정성과 여유를 마시는 것이다.

◎ **보스턴 차 사건(Boston Tea Party)**

1773년 영국의회가 차세법을 통과시켜 신대륙 식민지 상인들의 차 자유거래를 금지하고 관세를 부과한 것에 격분한 보스턴 시민들이 보스턴 항구에 정박하고 있던 영국의 동인도회사 소속 상선을 습격하여 배에 실려 있던 차를 바다에 버린 사건이다. 결과적으로 이 사건은 미국 독립전쟁의 도화선이 되었다.

◎ **아편전쟁(阿片戰爭, Opium Wars)**

중국차를 전문으로 수입하는 영국의 동인도회사는 영국 내 차 소비가 늘어나면서 차와 도자기 등의 수입으로 은이 중국으로 다량 유출되어 국가 재정이 불균형을 초래하자 인도산 아편을 중국에 밀수출하게 되었다. 중국 내 아편의 확산은 아편중독의 만연과 은 유출의 결과를 가져왔고, 이로 인해 청나라는 정치적, 사회적, 경제적 위기에 직면하게 되었다. 이러한 혼란을 타개하고자 황실에서는 아편을 금지하고 몰수하여 파기하기에 이른다. 이를 배경으로 1840년 제1차 아편전쟁이 발발하였다.

○ 차의 종류

세계 3대 비알코올성 기호음료로 분류되는 차는 동백나무과에 속하는 목본성 상록수로 학명은 Camellia Sinensis이다. 이는 차나무에서 얻어진 순과 잎을 원료로 가공을 거친 것을 지칭한다.

오늘날 가공을 거친 차는 6대 차류로 나누어지는데 그 대표적인 명칭과 특징은 다음과 같다. 첫째, 녹차(綠茶, Green Tea)는 찻잎을 따서 살청과 유념, 건조의 제다공정을 거친 차로 발효 정도가 10% 이하인 불발효차이다. 공정을 마친 찻잎과 탕색은 같은 녹차라도 만들어진 방법에 따라 차이가 있다. 한국의 녹차류와 일본의 말차류가 이에 해당되며, 중국의 대표적 녹차에는 용정차, 벽라춘 등이 있다.

둘째, 백차(白茶, White Tea)는 채다 후 위조와 건조 공정을 거친 차로 완성된 차의 표면이 희고 부드러우며 백호가 있어 백색을 나타내 '백차'로 지칭된다. 탕색은 은백색에 가까우며 향기가 맑고 산뜻한 것이 특징이다. 대표적으로 백호 은침이 있다.

셋째, 황차(黃茶, Yellow Tea)는 채다 후 살청과 유념, 민황, 건조 공정을 거친 차로 완성된 찻잎과 탕색 모두 황색을 띠며, 향과 맛은 맑고 순하다. 대표적으로 중국의 군산 은침, 몽정황아, 북항모첨 등이 있다.

넷째, 청차(靑茶, Oolong Tea)는 '오룡차' 혹은 '우롱차'로 부르기도 한다. 채다 후 위조와 주청, 초청, 유념, 건조 공정을 거친 차로 탕색은 등황색을 많이 띠며, 독특한 향과 맛이 난다. 대표적으로 중국의 철관음, 대홍포, 오룡, 봉황단총과 대만의 고산오룡, 문산포종, 목책 철관음, 동방미인 등이 있다.

다섯째, 홍차(紅茶, Black Tea)는 채다 후 위조와 유념, 발효, 건조 공정을 거친 것으로 발효 정도가 85% 이상이 되는 완전 발효차이다. 탕색은 붉고 맛은 신선하며, 과일 향이나 맑은 꽃 향이 난다. 중국의 기문홍차, 인도의 다즐링, 스리랑카의 우바 등이 대표적이다.

여섯째, 흑차(黑茶, Dark Green Tea)는 채다 후 살청과 유념, 악퇴, 건조 공정을 거친 후발효차이다. 완성된 찻잎의 색은 윤기 있는 검은색 또는 흑갈색이며, 탕색은 등황색 혹은 등적색을 띠고 맛은 순수하고 떫지 않다. 잎차 형태뿐만 아니라 이를 증압해 덩어리 모양으로도 만들어 모양에 따라 타차, 병차, 전차 등으로 불린다. 중국의 호남흑차, 광서흑차, 운남흑차 등이 대표적이다.

○ 녹차 우리기와 음다(飮茶) 매너

한국의 녹차는 탕수가 너무 뜨거우면 찻잎의 용출 성분이 한꺼번에 많이 우러나온다. 특히 차의 성분 중 높은 온도에서 우러나는 특징을 가진 타닌의 떫은맛과 카페인의 쓴맛이 많이 나오므로 차 맛에 좋지 않은 영향을 미친다. 탕수의 온도와 우림 시간을 적절하게 맞추는 것이 녹차를 맛있게 우리는 관건이 된다. 따라서 탕수의 온도가 높다고 생각되면 차를 우리는 시간을 짧게 하고 탕수의 온도가 낮으면 길게 하는 여유가 필요하다.

개인적 성향에 따라 다소의 차이는 있으나 한국의 녹차를 우릴 때 필요한 다구의 각 명칭과 기능은 다음과 같다.

다구의 명칭	기 능
다관(茶罐)	차를 우리는 도구
숙우(熟盂)	찻물을 식히는 사발
차호(茶壺)	우릴 잎차를 담아 놓는 그릇
찻잔(茶盞)	다관에 우린 차를 따라서 마시는 잔
차시(茶匙)	차호에서 잎차를 꺼낼 때 사용하는 차 숟가락
차탁(茶托)	찻잔을 받치는 데 쓰이는 도구
차건(茶巾)	다관과 찻잔 등 다구를 사용할 때 물기를 닦는 행주
퇴수기(退水器)	다관이나 찻잔을 예열하고 헹구어 낸 물을 버릴 때 쓰는 도구
찻상보(茶床褓)	다기나 찻상을 덮는 보자기
탕관(湯罐)	찻물을 끓이는 솥이나 주전자 형태의 도구
찻상(茶床) 및 다반(茶盤)	차 우리기에 필요한 다구를 배열할 때 사용하거나 손님에게 차와 다식을 낼 때 사용

녹차를 우릴 때는 먼저 다반에 담긴 다구를 사용하기 편하게 정돈한다.→
탕관(주전자 형태)을 들어 끓인 물을 숙우에 따라 예열한 후 다시 다관에 부
어 다관을 예열한다.→끓인 물을 다시 숙우에 따라 차를 우릴 탕수의 온도를
낮춘다.→다관에 담긴 탕수를 각 잔에 따라 잔을 예열한다.→다관에 인원수를
고려한 찻잎을 차시로 떠서 넣는다.→식힌 숙우의 물을 다관에 붓고 차가 우
러나도록 기다린다.→차가 우려지는 동안 잔에 담긴 예열한 물을 퇴수기에 따
라 버리고 제자리에 놓는다.→다관을 가져와 시계방향으로 천천히 한 번 돌린
후 각 잔에 2~3회로 나누어 잔의 7부 정도의 양이 되도록 따른다.→녹차

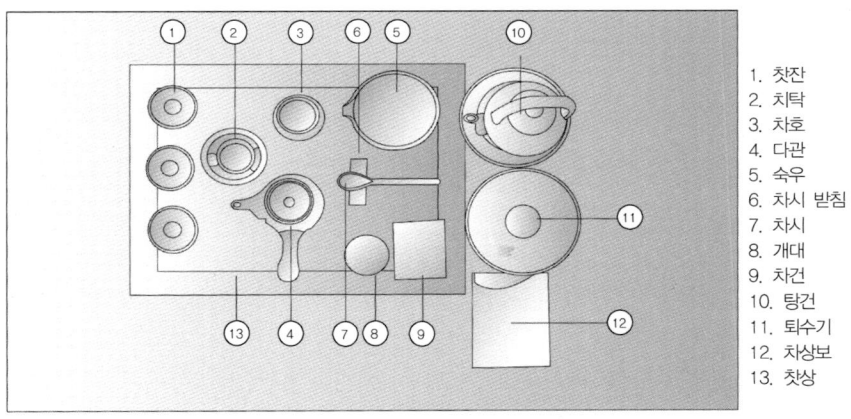

1. 찻잔
2. 치탁
3. 차호
4. 다관
5. 숙우
6. 차시 받침
7. 차시
8. 개대
9. 차건
10. 탕건
11. 퇴수기
12. 차상보
13. 찻상

〈그림 24〉 녹차 다구 배치

경우 찻잎을 세 번 정도까지 우려 마실 수 있으며, 우려내는 횟수에 따라 색,
향, 미의 차이가 있다.

우려진 차를 낼 때는 차탁 위에 잔을 얹은 후 손님 상에 낸다. 차를 낸 사
람이 차 마시기를 권하면 공손히 감사의 인사를 나누고 찻잔을 든다. 잔을 들
때 잔 받침인 차탁은 들지 않고 우선 오른손으로 잔의 몸통 부분을 잡은 후
손바닥에 가볍게 올리고 오른손가락을 가지런히 모아 잔의 몸통 부분을 감싸
안아 든다.

한 잔의 차를 마실 때는 우선 차의 색, 향, 미의 순으로 감상한 후 세 번에 나누어 천천히 음미하며 마신다. 차를 마시고 난 후 차를 대접한 사람에게 감사의 인사를 한다. 이때 인사말은 대접받은 차의 맛이나 찻자리에 대한 본인의 감상 혹은 계절요소를 담아 건넨다.

◎ 차의 다섯 가지 공[五功]

첫째, 차는 마음의 착잡함과 육체적 피곤함을 해소해 준다.

둘째, 차는 억울한 일로 쌓인 마음의 울분을 위로해 준다.

셋째, 차는 예를 갖추고 정을 돈독히 하여 주인과 손님의 화합을 이끈다.

넷째, 차는 인간의 끝없는 욕심들을 초월할 수 있게 한다.

다섯째, 차는 숙취로 인한 오장(五臟)의 고통을 덜어 준다.

◎ 차의 여섯 가지 덕[六德]

덕치지덕(德治之德) : 차는 덕을 지니고 있어 공손하고, 밝고, 신중하여 평온함을 준다.

인애지덕(仁愛之德) : 차는 인과 애의 덕을 지니고 있어 가엾게 여기는 마음을 이끌어 준다.

청렴지덕(淸廉之德) : 차는 맑고 올곧음을 지니고 있어 청렴한 마음을 지니게 한다.

도의지덕(道義之德) : 차는 도의에 맞는 바른길을 갈 수 있도록 한다.

선령지덕(仙靈之德) : 차는 신선이 된 듯한 초월의 마음을 지니게 한다.

예양지덕(禮讓之德) : 차는 예와 양보의 덕으로 아름다운 삶을 살 수 있게 한다.

최진영(2003)

○ 청차 우리기와 음다 매너

중국 남부의 복건성과 광동성, 대만에서 주로 생산되고 있는 청차는 발효 정도가 녹차와 홍차의 중간으로 10～85% 사이의 차를 말하며 반발효차로 분

1. 다호
2. 품명배
3. 문향배
4. 공도배
5. 다하
6. 걸름망

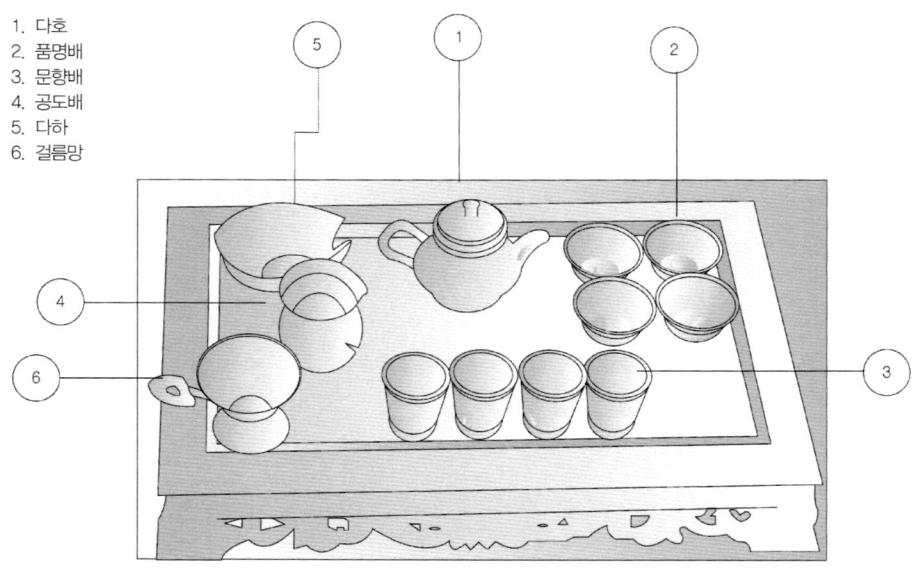

〈그림 25〉 청차 다구 배치

류된다. 반발효차의 경우 뜨거운 물을 이용하여 특유의 향을 온전하게 담아내는 것이 관건이다.

개인적 성향에 따라 다소의 차이는 있으나 중국 청차를 우릴 때 필요한 다구의 각 명칭과 기능은 다음과 같다.

다구의 명칭	기 능
다호(茶壺)	차를 우리는 도구
다배(茶杯)	문향배(聞香杯): 다호에서 우린 차를 먼저 따르는 잔 품명배(品茗杯): 문향배에 담긴 차를 옮겨 담아 마시는 잔
공도배(公道杯)	다호에 우린 차를 담는 숙우
다하(茶荷)	마른 찻잎을 감상하는 도구
차탁(茶托)	찻잔 받침
다관(茶罐)	우릴 차를 담아 놓는 차 통
다예용품 (茶藝用品)	행다 시 필요한 차 숟가락, 차 집게 등 차기용구를 담아 놓는 통 ● 차루(茶漏): 다호에 차를 담을 때 사용하는 도구로 다호 밖으로 차를 흘리지 않고 잘 담을 수 있도록 대는 깔때기 ● 차칙(茶則): 차 통에서 차를 떠낼 때 쓰는 차 숟가락 ● 차시(茶匙): 다하에 담긴 차를 다호로 밀어 넣을 때 쓰는 도구 ● 다협(茶夾): 뜨거운 잔을 집을 때나 잔을 옮길 때 쓰이는 차 집게
자수호(煮水壺)	차를 우릴 때 사용할 물을 끓이는 탕관
차건(茶巾)	다관과 찻잔 등 다구를 사용할 때 물기를 닦는 행주
다반(茶盤)	차를 우릴 때 필요한 다구를 놓는 찻상

청차를 우리는 절차는 다음과 같다. 다호 뚜껑을 열고 끓인 물을 부어 예열한다.→다호를 예열한 물을 공도배에 따르고, 공도배에 예열한 물을 문향배에 따른다.→문향배에 담긴 예열한 물을 품명배 잔에 붓고 문향배의 가장자리가 품명배에 담기도록 넣은 뒤 잔을 앞뒤로 돌리면서 헹군 후 제자리에 놓는다.→품명배에 담긴 물은 다호 뚜껑 위에 따라 버린다.→차칙을 이용해 다관에 담긴 차를 떠서 다하에 담고 차칙과 다관을 제자리에 가져다 놓는다.→다하에 담긴 차를 손님에게 보여 준다.→다호 뚜껑을 열고 다루를 들어 다호 위에 얹고 차시를 이용하여 다하에 담긴 차를 다호에 밀어 넣은 뒤 모두 제자리에 놓는다.→끓인 물을 다호에 따른 뒤 뚜껑을 덮고 다호를 들어 문향배와 품명배에 돌려 가며 붓는다.→다호 뚜껑을 열어 끓인 물을 가득 부은 후 뚜껑으로 거품을 거둬 낸 뒤 덮고, 뚜껑 위에 뜨거운 물을 다시 붓는다.→문향배와 품

명배에 담긴 물을 앞뒤로 돌려 가며 헹구고 나서 다반에 버린 후 제자리에 놓는다.→왼손에 다건을 들고 오른손으로 다호를 들어 다건 위에 얹어 물을 닦은 후 공도배에 차를 따른다.→공도배에 따른 차를 문향배에 다시 붓는다. →품명배를 문향배 위에 엎어서 놓는다.→품명배와 문향배를 잡은 후 잔의 아래위가 바뀌도록 뒤집어 차탁 위에 놓는다.→청차의 경우 5∼6회 정도 더 우려내어도 무방한데, 첫 번째 우릴 때보다 우려내는 시간을 15초 정도 더 늘려 우린다.

차를 마실 때는 우선 문향배를 오른손으로 잡고 들어 올려 양손으로 잡고 향을 맡은 후 차탁 위에 내려놓는다. 향을 맡은 후 옆에 놓인 품명배에 담긴 차를 마시는데, 이때 품명배를 잡을 때는 한 손만을 이용한다. 엄지와 검지는 잔의 몸통 윗부분을 감싸고 중지와 장지는 잔의 굽 부분에 대어 지지를 한다. 또한 문향배는 잔향을 맡기 위한 다구이므로 입을 대지 않는다.

청차를 대접받으면 식히면서 먹기보다는 뜨거울 때 세 번 정도에 나누어 천천히 풍미를 느껴 가며 마신다. 차가 뜨겁다고 입으로 후후 불어 가며 마시지 않도록 하며, 마시고 난 후 감사의 인사를 한다.

중국에서는 종업원이나 일행이 차를 따라 주면 검지와 중지로 탁자를 가볍게 두드린다. '차를 따라 줘 고맙다'는 뜻이다. 이 풍습의 유래는 청대로 거슬러 올라간다.

청나라 건륭황제 연간에 황제가 평복 차림으로 민생시찰을 돌던 중 강남지방의 용정지역을 순시하게 되었다. 순시 중 찻집에 들러 차를 마시게 되었는데 이때 황제가 찻주전자를 들어 친히 수행하는 신하들에게 차를 따라 주었다.

평상시 황제가 신하에게 무엇을 주면 바로 무릎을 꿇고 받아야만 하는 상황과는 다르게 황제 신분이 노출되지 않게 하기 위하여 평복 차림을 했기에 함께 수행한 대신들은 이럴 수도 저럴 수도 없는 상황에서 어쩔 줄 몰라 했다. 그러나 한 대신이 기지를 발휘했다. 바로 손가락 두 개를 구부려 다리 모양을 만들고, 황제 탁자 앞에서 꿇어앉는 자세를 취해 탁자를 손가락으로 두드려 감사를 표하는 인사 모양을 행하였던 것이다. 이 유래설 속의 황제가 건륭황제인지 정확하지는 않지만 오늘날 중국 차관에서 차를 마실 때 회자되고 있는 매너 중 하나이다.

○ 말차 내기와 음다 매너

일본의 말차는 차광 재배한 찻잎을 증기로 찐 다음 건조시켜 말차 제조용 기계를 사용해 아주 미세한 가루로 만든 차이다. 영양 가치 면에서 녹차를 잎차 형태로 마실 경우보다 말차로 마실 때 비타민 A, 토코페롤, 섬유질 등을 그대로 섭취할 수 있는 장점을 갖게 된다.

말차는 단순히 물에 타서 마신다기보다는 문화적 성향에 따라 도구를 사용하여 포말을 내어 이를 즐기는 것이 묘미이다.

개인적 성향에 따라 다소의 차이는 있으나 말차를 낼 때 필요한 다구의 각 명칭과 기능은 다음과 같다.

다구의 명칭	기 능
다완(茶碗)	말차를 마시기 위한 그릇
차호(茶壺)	말차를 담아 놓는 차 통
차시(茶匙)	말차를 떠내기 위한 차 숟가락
차선(茶筅)	말차에 거품을 낼 때 사용하는 대나무로 만든 차솔
차건(茶巾)	다완의 물기를 닦는 행주
탕관(湯罐)	찻물을 끓이는 솥이나 주전자
퇴수기(退水器)	다완을 예열하고 헹구어 낸 물을 버릴 때 사용하는 도구

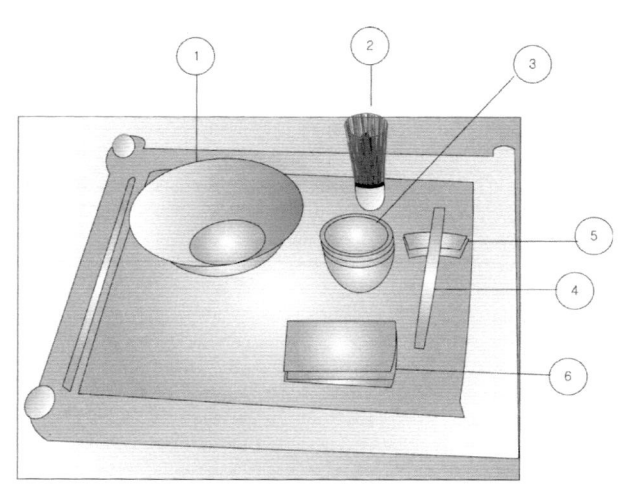

1. 다완
2. 차선
3. 차호
4. 차시
5. 차시 받침
6. 차건

〈그림 26〉 말차 다구 배치

말차를 내는 절차는 다완 안에 차선을 넣고 끓인 물을 붓는다.→다완에 담긴 차선을 헹군 뒤 차선을 다완에서 꺼내 다완 옆에 세워 놓는다.→다완에 담긴 물을 퇴수기에 비우고, 차건으로 다완을 닦은 후 제자리에 놓는다.→차시를 이용해 말차를 차호에서 덜어 내어 다완에 넣는다.→다완에 끓인 물을 조금 부은 후 차선을 이용해 고르게 젓는다.→다시 탕관의 물을 다완의 4부 정도 붓고 차선을 이용해 격불한다.→격불한 말차를 손님에게 낸다.

진한 말차인 농차(濃茶)를 마실 경우 우선 다과를 먼저 먹은 후 차를 마신다. 다완의 말차를 혼자 마시게 될 경우에는 세 번 정도에 나누어 마시며, 하나의 다완을 여러 사람이 나누어 마실 경우에는 돌아가면서 마시되 본인의 입이 닿은 부분을 엄지와 검지를 이용하여 닦고, 다음 마실 사람이 바로 마실 수 있도록 본인의 입이 닿은 부분을 피하여 잔을 돌려 건네준다.

말차는 식으면 거품이 사그라지기 때문에 뜨거울 때 마시도록 한다. 초대를 받았을 경우 말차와 함께 준비된 다과는 추가로 요구하지 않는다. 말차를 다 마시고 난 후에는 감사의 인사를 주고받는다.

○ 홍차 우리기와 음다 매너

중국을 기원으로 하는 차는 유럽이라는 문화권에 옮겨지면서 차와 관련한 수많은 역사를 탄생시켰다. 특히 영국으로의 유입과 보급은 유럽세계에 티(Tea) 문화를 꽃피우게 하는 구심점의 역할을 부여하였고, 결과적으로 홍차는 유럽인들의 생활뿐 아니라 문학과 예술에까지 중요한 배경을 이루게 되었다.

다른 종류의 차도 마찬가지이지만 스트레이트 방식으로 우리는 홍차는 우려내는 과정, 도구, 곁들여지는 다과, 함께하는 사람들에 따라 같은 차라도 그 맛과 느낌이 확연히 달라짐을 확인할 수 있다. 맛있는 홍차를 우리기 위한 기본은 산소를 함유한 신선한 물을 적당한 온도로 끓이고, 적정량의 질 좋은 찻잎을 예열된 포트에 넣어 알맞은 농도로 우려내는 데 있다.

개인적 성향에 따라 다소의 차이는 있으나 홍차를 우릴 때 필요한 다구의 각 명칭과 기능은 다음과 같다.

다구의 명칭	기 능
티포트(Tea Pot)	차를 우려내는 그릇으로 내열성이 좋고 둥근 포트가 적합
찻잔(Tea Cup)	차를 마시는 그릇으로 커피 잔보다 키가 좀 더 낮고 위쪽 테두리가 넓은 것이 홍차 잔의 특징
주전자(Kettle)	물을 끓일 때 사용되는 기구
스트레이너(Strainer)	티포트의 차를 따를 때 거르는 망
계량스푼 (Tea measure)	찻잎을 계량할 때 쓰는 도구로 찻잎의 분쇄 정도에 따라 담기는 양이 다를 수 있지만 일반적으로 1테이블스푼에는 5g, 1티스푼에는 3g
코지(Cogy)	티포트의 물이 식지 않도록 보온하는 일종의 커버
캐니스터(Canister)	차를 보관하는 밀폐 용기
모래시계(Hourglass)	차 우리는 시간을 가늠하기 위한 기구

홍차를 우릴 때는 먼저 팔팔 끓인 물을 티포트, 찻잔 순으로 부어 예열한다.→티포트에 담긴 물을 고르게 돌린 후 물을 따라 버린다.→티포트의 용량을 고려하여 찻잎을 계량하여 티포트에 넣는다.→잘 끓여진 물을 티포트에 곧바로 부은 후 티코지를 씌워 물이 식지 않도록 보온을 하면서 차를 우린다.→적당한 시간이 지난 후 찻잔의 물을 버린 후 티코지를 벗기고 티포트를 들어잔에 따르는데 이때 스트레이너를 사용하여 찌꺼기를 걸러 낸다.→차를 따를때 여러 사람이 함께 마실 경우 각각의 잔에 조금씩 여러 번을 돌아가면서따라 차의 농도를 맞추어 낸다.

1. 티포트
2. 찻잔
3. 슈가볼
4. 스트레이너

〈그림 27〉 홍차 다구 배치

홍차는 기호에 따라 밀크, 설탕, 레몬 등을 첨가할 수 있다. 접대할 때는 손님 한 사람 한 사람의 취향에 맞는 차를 대접하며, 잔이 비워지는 것을 확인하면 손님이 원할 때까지 계속 대접을 한다. 단 접대할 인원이 많을 경우 초대된 손님 중 가장 친한 친구의 도움을 받는다. 함께 준비하는 다과는 부스러기가 많이 나오지 않는 것으로 하고, 손으로 집어 먹게 되는 다과는 한입 크기로 준비하는 배려가 필요하다. 또한 찻자리에는 찻잔에 남은 차를 비우는 용도인 슬랍볼(slop bowl)과 차의 농도를 기호에 맞게 조절할 수 있는 뜨거운 물을 담아 두는 핫워터 저그(hot water jug)를 준비한다.

차를 마실 때는 소리가 나지 않도록 한다. 찻잔과 티스푼을 다룰 때도 부딪치는 소리가 나지 않도록 주의하여 다룬다.

Plus Manner - 골든 링(Golden ring)

홍차를 우려 잔에 따랐을 때 잔의 둘레에 보이는 황금색 원형의 링으로 코로나라고도 부른다. 이는 유백색의 잔과 질 좋은 차를 제대로 우렸을 때 차의 색이 조화를 이루어 나타나는 것으로 특히 황금색의 골든 탑(golden tip)을 많이 포함한 차에서 잘 보인다. 또한 골든 링이 잘 나타나는 홍차는 카테킨 성분과 플라본 색소가 많이 함유된 질 좋은 찻잎 원료를 사용한 것이라고 할 수 있다.

염혜숙(2004)

(3) 음주

기호품 가운데 술은 과유불급(過猶不及)이라는 경구가 가장 적절하게 적용될 수 있다. 적당한 양의 술은 인간관계를 원활하게 할 수 있으나, 지나칠 경우 신체뿐 아니라 인간관계가 단절될 수 있는 술의 양면성을 고려해야 한다. 술은 즐겁게 건강을 생각하며 마시고, 술좌석에서도 함께하는 사람들을 배려한 올바른 음주 매너에 대한 인식이 절실히 필요하다.

① 한국의 음주 매너

○ 술을 권하는 매너

상급자나 연장자와 함께하는 술자리에서는 먼저 상석에 자리를 권한다. 여러 사람이 함께 있을 경우 상급자나 연장자 순으로 따른다. 상대에게 술을 권할 때는 따르겠다는 이야기를 먼저 건넨다. 대개 오른손을 사용하여 술을 따르는데, 상급자나 연장자에게는 정중한 몸가짐을 하여 두 손으로 따른다. 이때 상대의 잔을 응시하여 천천히 따라 넘치지 않도록 주의한다. 또한 상대의 잔 위에서 눌러 힘을 가하지 않아야 한다. 타인이 사용한 잔에는 술을 권하지 않도록 하며 한국에서는 첨잔을 하지 않는 것이 매너이다.

○ 술을 받는 매너

술을 마시지 못할 상황이어도 첫 잔과 축배잔은 받도록 한다. 상급자나 연장자로부터 술을 받을 때는 두 손으로 정중히 받은 후 감사의 말을 한다.

마실 때 상급자나 연장자 앞에서는 상체를 옆으로 살짝 돌려 술잔을 가리고 마신다. 무엇보다 본인의 주량을 가늠하여 마시는 것이 좋으며, 더 이상 마시지 못할 때는 정중히 거절하거나 오른손으로 술잔 위를 가린다.

◎ **연장자를 모시는 공경의 마음이 담긴 술자리 매너**

한 조사결과에 의하면 우리나라 미혼남녀들이 인식하고 있는 술자리 매너의 1위는 '웃어른으로부터 술을 받을 때는 두 손으로 공손히 받아야 한다', 2위는 '선배와 같이 술을 마실 때는 조심해야 한다', 3위는 '웃어른 앞에서 술을 마실 때는 상체를 돌리고 마셔야 한다', 4위는 '술자리에서 직장상급자에게 욕설이나 술주정을 해서는 안 된다'였다. 이 밖에도 연장자를 모신 술자리의 매너로 '웃어른께 먼저 술을 권하고 따라 드려야 한다', '웃어른이 먼저 술을 드시고 나서 아랫사람이 마셔야 한다', '만일 웃어른께서 술잔을 주셨으면 술잔을 다시 드리고 술을 권하며, 따를 때도 정중한 몸가짐을 하여 두 손으로 따라 드려야 한다', '웃어른께 술을 따라 드릴 때는 무릎을 꿇고, 오른손으로 술병을 잡고 왼손을 오른손 밑에 가볍게 댄 후 옷소매 또는 옷자락이 음식에 닿지 않도록 조심해서 따라야 한다' 등이 언급되고 있다. 이와 같은 술자리 매너의 내용은 규범적 성격을 지닌 주도(酒道) 내지는 주례(酒禮)의 일환으로 연장자에 대한 공경의 마음과 행동의 가르침으로 전해지고 있다.

◎ **동년배와 함께하는 정(情)이 담긴 술자리 매너**

가까운 사람일수록 존중하는 마음을 잊어서는 안 된다. 특별히 그 만남이 의미 있게 오래 기억되기를 바란다면 더욱이 그러하다. 동년배끼리의 술자리에서는 서로의 주량을 감안해서 술을 권하고 마시는 것이 좋다. 술자리에 참석한 이상 첫 잔은 받는 것이 매너이다. 또한 상대가 술을 권하면 가급적 받는 것이 예의이므로 술을 무리하게 권하지 않는 것도 매너임을 잊지 말아야 한다. 하지만 동년배 간의 술자리에서는 자칫 상대에 대한 배려를 잊기 쉽다. 술이 남아 있는데 계속 첨잔을 하면서 술을 억지로 권한다거나 감추고 있던 상대에 대한 좋지 않은 감정을 술을 마시며 드러내기도 한다. 사실상 직장 동료 혹은 비즈니스 관계의 동년배와 함께 술자리는 일상의 긴장을 완화하고 인간적인 정을 느끼고 싶은 자리인 경우가 더 많다. 마시는 술의 양으로 승부를 걸기보다는 술잔 속에 담기는 그날의 온화한 정을 더 소중히 해야 한다.

◎ **아랫사람에게 모범을 보이는 격려가 담긴 술자리 매너**

우리는 매너라고 하면 자칫 웃어른께 대한 것만을 생각하기 쉽지만 웃어른이 아랫사람에게 보여 주는 술자리 매너만큼 좋은 산교육은 없다. 그러나 간혹 우리는 눈살을 찌푸리게 하는 직장상급자와의 술자리를 경험하곤 한다. 일일이 다 열거할 수는 없겠지만 몇 가지 예를 들면, 술이 잔뜩 취하고도 자신의 술잔으로 부하직원에게 계속 술을 권하는 상급자, 안주를 입에 가득 넣고 침을 튕기면서 주정을 하는 상급자, 안주 그릇에 담뱃재를 털거나 술병에 담배꽁초를 버리는 상급자, 술맛이 싱거우니 안주가 짜니 하면서 비평하는 상급자, 한잔만 하자고 해서 갔는데 2차, 3차, 4차 끝이 보이지 않는 상급자도 있다. 연장자로부터 삶의 경험과 지혜를 배우며 격려받고 싶어 하는 부하직원이나 후배들에게 인생의 선배로서 나는 무엇을 보여 줄 것인가를 잊어서는 안 된다. 우리 선조들의 향음주례(鄕飮酒禮)를 떠올려 보면 술자리에서는 첫째, 의복을 단정하게 입고 끝까지 자세를 흐트러뜨리지 말아야 하며, 둘째, 음식을 정결하게 하고 그릇을 깨끗이 해야 한다. 셋째, 행동이 명확하여 의젓하게 걷고 서며 분명하게 말하고 조용히 침묵하는 절도가 있어야 하며, 넷째, 술자리에서는 사양하거나 감사의 의사를 정중한 말과 행동으로 표현해야 한다고 했다.

최배영(2004)

○ 건배 매너

좋은 건배는 상대를 배려한 따뜻함과 진솔함, 그리고 마음을 담은 시선의 마주침이 함께하는 것이다.

한국에서는 건배를 주로 식사 전에 한다. 건배 제의가 있으면 중대한 사유가 없는 한 응하며, 건배할 때 술잔은 눈높이 정도까지 올리고, 주위 사람들의 술잔에 살짝 부딪친다. 건배 후 잔을 비우는 것이 원칙이나 술을 못하는 경우 잔을 살짝 입에 대었다가 내려놓아도 결례가 아니다.

Plus Manner - 국가별 건배 용어

◎ 한 국: "건배", "지화자", "위하여"

◎ 중 국: "깐베이(乾杯)"

◎ 일 본: "간빠이(乾杯)"

◎ 미 국: "치어스(Cheers)"

◎ 영 국: "치어스(Cheers)"

◎ 캐나다: "토스트(Toast)"

◎ 프랑스: "아 보트르 상떼(A vortre sante)"

◎ 러시아: "나 조라비아(Na zdoravia)"

◎ 독 일: "프로지트(Prosit)"

◎ 아 랍: "비스밀라(Bismillah)"

◎ 필리핀: "마부헤이(Mabuhay)"

습관은 나무껍질에 새겨 놓은 글자와 같아서 나무가 자라면 글자도 커진다고 한다. 우리의 격언 중 음주 습관에 대한 중요성을 언급하는 말로 "술은 어른 앞에서 배워야 한다."는 말이 있다. 이는 술 마시는 것을 처음에 어떻게 시작하느냐에 따른 습관이 그 사람의 평생 음주 습관을 결정짓는 요소로 작용할 수 있음을 의미하는 경구이다.

쿨 드링커 캠페인(주최: DIAGEO KOREA)을 통해 청년기에 올바른 음주 습관을 기를 수 있는 첫걸음의 기초항목들을 살펴보기로 한다.

◎ Cool Drinker란

술을 사회생활의 활력소로 적절히 소비하여 즐겁고 건전한 음주문화를 만들어 가는 주류문화 세대를 지칭하는 용어이다.

◎ Cool Drinker 6계명

  '식사와 안주는 필수'
  '천천히 천천히'
  '귀가 계획은 미리미리'
  '초대 손님 책임지기'
  '첨잔 No!'
  '충분한 수분 섭취'

계영배(戒盈杯)는 과음을 경계하기 위해 술이 일정 이상 차오르면 술이 모두 새어 나가도록 만든 잔이다. '가득 차는 것을 경계하는 잔'이라는 뜻으로 일명 절주배(節酒杯)라고도 불리는 계영배에는 인간의 끝없는 욕심과 지나침을 경계하는 선조들의 교훈이 담겨 있다.

사이펀(siphon)의 원리를 이용한 잔은 잔 속에 관을 만들어 그 관의 높이까지만 액체를 채우면 새지 않으나 관의 높이보다 높게 액체를 채우면 관 속과 물의 압력이 같아져서 수압 차에 의해 액체가 흘러나오게 되어 있다.

위키백과(2010)

② 서양의 음주 매너

○ 와인(Wine)

와인의 정의는 1907년 프랑스 정부에 의해 법적으로 명시되었다. 이로부터 와인은 포도 또는 포도즙만을 발효시켜 만든 음료로 규정되었다. 다른 종류의 술에 비해 와인은 그 종류가 많다. 이는 같은 브랜드의 와인이라도 포도의 수확 연도(vintage)에 따라 전혀 다른 와인으로 취급되기 때문이다. 또한 같은 수확 연도라도 기후 조건이나 토양 상태에 따라 포도의 품질에 차이가 있어 산지에 따른 와인의 질 또한 다르다. 그래서 와인을 선택할 때는 수확 연도, 산지, 브랜드명, 함께하는 요리와의 조화 등을 고려한다.

◎ Table Wine

식사와 함께하는 와인은 화이트, 레드, 로제로 나뉜다.

◎ Flavored Wine

과즙이나 향을 첨가하여 식욕을 돋우기 위한 식전 와인이나 칵테일용으로 쓰인다.

◎ Dessert Wine

와인에 증류주류를 첨가해 알코올 함양과 단맛을 높인 것으로 브랜디와 포트가 있다. 이는 식후 소화를 돕는다.

◎ Sparkling Wine

파티용으로 많이 사용되며 샴페인이 이에 해당된다.

○ 와인을 권하는 매너

와인 서빙 시 순서는 상석의 여성에게 가장 먼저 따르고, 이어 시계방향으로 여성에게 따라 준 후 다시 남성 중 상석의 손님에게 따르고 시계방향으로 남성에게 따라 준다. 남성은 자신의 오른쪽에 앉은 여성의 잔이 비워지면 와인을 따라 준다.

대개 레드와인은 첨잔이 가능하며, 화이트와인은 첨잔을 하지 않는다. 따를 때는 오른손으로 병을 잡고 병의 입구를 가만히 돌려 가며 따른다. 이때 레드와인은 잔의 1/3, 화이트와인은 1/2 정도를 따르는 것이 적당하다.

○ 와인을 받는 매너

종업원이 와인을 따라 줄 때 받는 사람은 본인의 잔을 들어 올리지 않고 테이블 위에 놓고 받는다. 이때 잔의 받침(base) 부분에 가볍게 손을 얹기도 한다. 와인을 받은 후에는 목례로 종업원에게 감사 표시를 한다.

와인 잔을 들 때는 스탬(stem) 부분을 가지런히 잡는다. 건배를 할 때는 상대의 눈을 보며 잔을 마주친다.

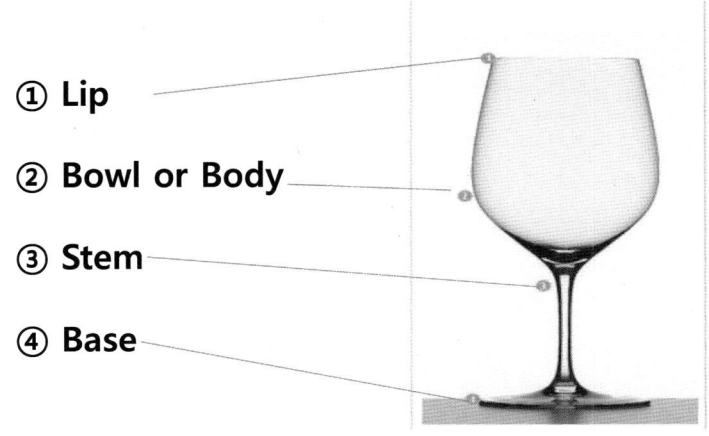

① **Lip**

② **Bowl or Body**

③ **Stem**

④ **Base**

〈그림 28〉 와인 잔의 부분 명칭

와인을 마시기 전 냅킨으로 입 주위를 가볍게 닦는다. 마실 때는 조금씩 음미하며 마시되, 입 안에 음식물이 있을 때는 와인을 마시지 않는다. 한편 와인을 사양할 때는 잔 위에 가볍게 손을 얹거나, "No thanks"라고 말한다.

◎ **브랜디(Brandy)**

브랜디를 마시는 잔의 모양은 입구가 좁고 배가 볼록한 것을 사용한다. 브랜디는 따뜻하게 데운 잔을 사용하는데 이는 향을 더욱 느끼기 위함이다. 잔을 잡을 때는 한 손 혹은 두 손으로 감싸 쥔다. 마실 때는 잔을 가볍게 흔들어 주면서 공기와 접촉시켜 향을 음미하며 서서히 마신다. 대표적으로 브랜디의 왕이라 일컬어지는 프랑스의 코냑이 있다.

◎ **위스키(Whisky)**

위스키는 일반적으로 스트레이트로 마시며 얼음을 희석해 마시기도 한다. 얼음을 이용하여 마실 때는 잔을 차갑게 한 후 얼음을 넣고 그 위에 위스키를 따라 온도를 낮춰 가며 즐기는데 되도록 안주를 먹지 말아야 술맛을 제대로 느낄 수 있다.

◎ **보드카(Vodka)**

보드카는 아주 차게 해서 작은 글라스에 담아 한 번에 마신다. 대개 스트레이트로 마시지만 칵테일을 만들어 마시기도 한다.

◎ **맥주(Beer)**

맥주를 따를 때는 7부 정도로 잔을 채우고 거품은 20% 정도가 되도록 하여 거품과 함께 마실 때 가장 이상적인 맛을 즐길 수 있다.

◎ **칵테일(Cocktail)**

칵테일은 정식 만찬 전에 식욕을 촉진하기 위해 마신다. 얼음이 들어 있지 않은 경우 한 번에 마시지 말고 몇 번에 나누어 한 모금씩 음미하며 마신다. 추가로 다시 주문할 때는 먼저 마신 것과 같은 것으로 한다.

◎ **테킬라(Tequila)**

테킬라는 다른 술과 섞지 않고, 소금과 라임조각을 곁들여 마신다. 독특한 음주방법으로 '쿠엘보슈터'와 '슬래머'가 있다. 쿠엘보슈터는 술 한 모금을 마신 뒤 손등에 바른 라임 즙과 소금을 핥아 먹는 음주법이며, 슬래머는 잔에 술을 반쯤 담은 다음 소다수나 사이다로 나머지를 채워 냅킨으로 잔을 덮은 뒤 테이블에 내리쳐 거품이 생길 때 원샷을 하는 음주법이다.

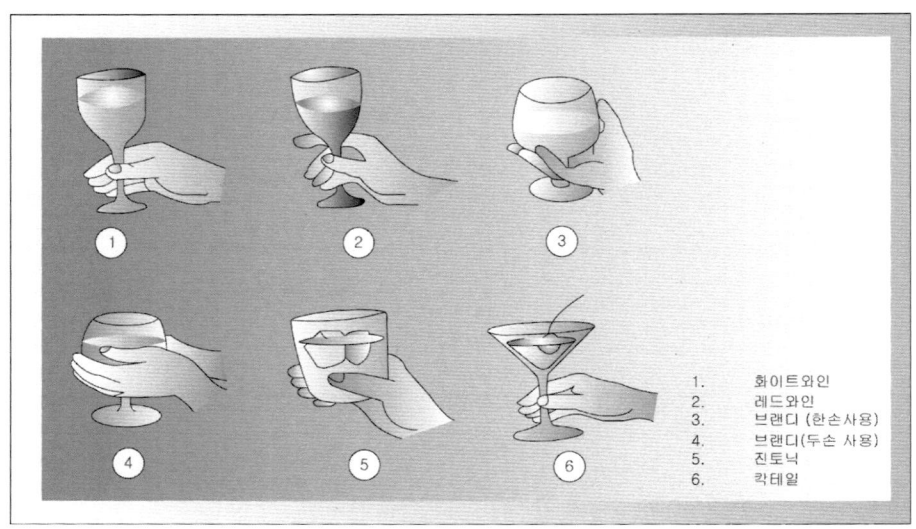

〈그림 29〉 술의 종류에 따른 잔 잡는 법

사람들마다 조금씩의 차이는 있겠지만 일반적으로 건강을 해치지 않는 음주량은 어느 정도일까? 한국건강관리협회에 따르면 건강을 저해하지 않는 자신에 맞는 적정 음주량은 하루 50g 이하의 알코올 섭취라고 한다.

술의 종류에 따라 한 잔의 술에 포함된 알코올 정도는 다르다. 50g 정도의 알코올은 맥주 1,500cc, 소주 250cc(5잔), 위스키 156cc(5.2잔)이다.

1회 적정 음주량은 남자가 소주 3잔, 맥주 2캔, 양주 2잔, 와인 2잔이고 여자가 소주 2잔, 맥주 1캔, 양주 1잔, 와인 1잔이라고 한다.

메디컬 투데이(2009. 12. 5.)

(4) 흡연

조선시대 광해연간에 일본을 통해 유입된 400년의 역사를 지닌 담배는 오늘날 선호인식에 있어서나 흡연 행위 등에서 많은 변화를 가져왔다. 담배가 기호품이라는 사실에는 변함이 없지만 흡연자의 건강 측면의 유해성 논란은 현대 의학이 발전됨과 함께 더욱 구체화되고 있다. 최근에는 간접흡연에 대한 유해성 논란이 가중되면서 비흡연자의 건강 측면에까지 관심이 고조되는 사회적 현상을 맞이하게 되었다.

성인 흡연자에게 기호품인 담배에 대해 의학적 기준의 잣대를 들어 금연을 강요하는 것은 무리가 있다. 다만 분명한 것은 흡연자는 본인이 즐기는 기호품으로 인하여 주변 사람들이 불편해하거나 고통을 받을 수 있다는 점을 인식하여 때와 장소를 가리는 흡연 매너를 실천하는 태도가 필요하다.

흡연자는 규정된 흡연 장소에서만 담배를 피우도록 하며, 밀폐된 화장실에서의 흡연은 삼간다. 또한 흡연자 중에서도 연장자나 상급자와 정면으로 보면서 담배를 피우지 않도록 한다. 맞흡연은 동년배에 한해서만 가능하다. 무엇보다 흡연 후 마무리를 잘해야 한다. 담배꽁초, 담뱃재, 흡연 중의 침과 가래 등에 대한 깔끔한 처리와 담배 냄새를 순화시키는 데 노력해야 한다. 비흡연자 특히 어린이, 임산부, 환자 등에게 간접흡연의 피해를 끼치지 않도록 유의한다.

◎ 매 순간 금연을 시작하십시오.

주변 사람들에게 금연을 시작했음을 알린다. '지켜봐 달라'는 마음을 전달하고 그들에게 마음으로 응원해 줄 것을 부탁하면 그것으로 족하다. 중요한 것은 이러한 과정을 진지하게 마음에 두는 것이다. 그리고 매 순간 금연을 시작한다.

◎ 스스로 만드는 예외를 경계하십시오.

'단 한 개비의 담배가 건강에 무슨 영향을 줄까', '분위기를 맞추어 주기 위해서는 한두 대 정도는 피울 수 있지' 등의 생각을 버려야 한다. 이러한 생각을 유혹으로 단정하고 대처해야 한다. 유혹이 느껴질 때는 적극적인 행동이 필요하다.

◎ 시작했다면 밀고 나가십시오.

건강에 도움이 되고 생활도 즐거워지는 금연이지만, 변화에는 저항이 있기 마련이다. 금연의 날짜를 정했지만 마음속에 이 결정을 뒤엎고자 하는 생각들이 자동적으로 일어나게 될 때 이를 극복해야 하는 자신을 격려한다.

◎ 능동적으로 금연하십시오.

유혹은 그것에 굴복하면 목표를 꺾는 괴로움을 겪게 되지만, 그것을 이기게 되면 목표한 일에 힘과 속도가 붙는 계기가 될 수도 있다. 내 앞에 위기가 오는 이유는 극복해서 힘을 더 얻기 위함 때문이라고 여겨야 한다.

보건복지부 건강길라잡이(http://www.hp.go.kr/)

사람이 되고 싶었던 호랑이는 30일이 못 되어 굴을 나왔습니다.
담배가 피고 싶었지만 굴에는 비흡연자 곰이 있었기 때문입니다.
곰을 배려하는 호랑이의 마음, 흡연 에티켓을 실천하는 우리의 모습입니다.

한국필립모리스 대학생 광고 공모전 최우수상 수상작

2) 파티초대와 참석 매너

인간관계 형성을 위한 사교의 장(場)인 공적, 사적 파티에서 주최자는 참석자들의 입장과 상황을 고려해야 하며, 참석자들은 파티의 목적에 따른 참석 매너를 통해 관계 유지 및 신뢰감 형성을 돈독하게 할 수 있는 기회로 삼게 된다.

(1) 파티초대와 참석

개화기 서양문화가 도입되면서 유입된 파티 개념은 90년대 후반을 넘어서면서 특정한 사람들만의 전유물이라는 의미에서 좀 더 보편적인 의미로 변해가고 있다. 사람과 사람이 얼굴을 맞대고 대화를 통해 깊게 교류할 수 있는 파티는 최근 개인들뿐 아니라 기업의 제품의 판매촉진이나 홍보수단인 새로운 마케팅의 도구로 활용되고 있으며, 젊은 층 사이에서는 여가활용에 대한 관심이 늘어나면서 하나의 문화코드로 자리 잡게 되었다.

단순한 사교모임에서 공식적인 모임에 이르기까지 다양한 형태로 진행되고 있는 파티의 종류와 주최 측의 기획 및 준비에 대해 살펴보기로 한다.

① 파티 기획

파티의 핵심은 커뮤니케이션과 감동, 흥겨운 놀이와 교류이다. 이 점에 주안을 두어 모임의 목적과 성격에 따라 참석할 대상과 인원수를 정한다. 파티의 성격이 사적 모임이라면 어색하지 않게 어울릴 수 있는 사람들로 대상자를 한정하며, 공적 모임인 경우는 참석자의 사회적 범위를 고려해야 한다.

파티의 형식을 결정하기 위해서는 모임의 성격과 목적, 참석 대상자와 인원수, 예산, 시간, 장소 등을 고려하고 파티에 소용될 음식의 메뉴를 선정할 때는 참석자들의 기호와 성향을 고려해야 한다. 특히 종교로 인한 금기음식에 대해서는 기획 단계에서부터 세심한 배려가 필요하다.

② 파티 유형

파티는 시간, 목적, 내용에 따라 분류된다. 파티는 시간별로 조찬파티, 런치파티, 디너파티로 나눌 수 있으며, 모임의 목적별로 프라이빗 파티, 리셉션, 비즈니스 파티로 구분된다. 내용별로는 뷔페파티에서 티파티, 칵테일파티, 샤워파티, 포트럭 파티 등 매우 다양하다.

○ 조찬파티(Breakfast Party)

조찬은 아침식사로 비교적 간단하게 진행되는 세미 캐주얼 스타일의 식사이다. 시간은 나라마다 약간씩 다르다. 영국에서는 오전 8시경, 미국에서는 7시 30분경, 프랑스에서는 8시 전후이다. 프랑스식 조찬은 커피에 밀크를 탄 카페오레(Cafe au lait)와 빵, 계란에 과일 정도로 가볍게 나온다. 미국식은 오렌지 주스, 오트밀, 햄, 베이컨, 토스트, 커피와 계란 등이 나온다. 그리고 영국식은 미국식에 대구나 훈제 청어 등의 생선이 더 나오고, 커피 외에 홍차도 나온다.

○ 런치파티(Lunch Party)

정식 오찬으로 비즈니스 모임 등이 열리는 사교시간이다. 오찬은 만찬에 비해서는 훨씬 약식이 된다. 오찬은 정오부터 오후 2시 사이에 개최하며 손님을 맞이하기 위하여 굳이 입구에 서 있지 않아도 된다. 오찬에는 일품요리에 디저트를 내는 정도의 가벼운 식사가 제공되기도 하며, 특별한 경우가 아니면 샴페인은 내지 않는다.

○ 디너파티(Dinner Party)

인테리어부터 식기, 식탁 위의 장식품 등 총체적인 파티의 아름다움이 동원되는 가장 정중하고 격식을 갖춘 의식적인 연회로 풀코스의 만찬을 내용으로 한다. 복장은 주최하는 쪽도 참석하는 쪽도 정장을 한다. 남성의 경우는 연미복이나 턱시도, 여성의 경우는 이브닝드레스가 적합하다. 디너파티는 주최자가 입구 쪽에 일렬로 서서 리시빙 라인(Receiving Line)을 이루어 손님을 맞이한다.

식당에 입장하는 순서는 공식적으로는 주최자가 주빈 부인과 선두에 서고 다음으로 주빈이 주최자 부인을 에스코트한다. 그 이하는 남성이 여성에게 오른팔을 내어 잡도록 하여 좌석순에 따라 착석하도록 한다. 식당 의자에 앉을 때는 왼편으로 들어가서 착석하고, 남성은 오른편 여자 손님의 의자를 당겨서 앉는 것을 돕는다.

○ 칵테일파티(Cocktail Party)

칵테일파티는 형식에 얽매이지 않는 부담 없는 소프트 비즈니스 파티로 환영이나 환송, 개업 축하 혹은 크리스마스나 신년에 주로 많이 열리는 연회이다. 여러 가지 주류와 음료를 주로 하여 스탠딩 형식으로 진행된다.

파티 시간은 오후 5~7시 또는 6~8시 등 오후 늦은 시간에 개최하는 경우가 많다. 칵테일파티의 매력은 초대받은 사람이 언제 파티에 참석하든, 또 언제 돌아가든 상관이 없다는 점이다. 비용 면에 있어서 디너파티보다 적게 들고 지위고하를 막론하고 자유로이 이동하면서 자연스럽게 담소할 수 있으며, 참석자의 복장이나 시간도 별로 제약을 받지 않기 때문에 더욱 편한 사교모임이라고 할 수 있다.

○ 리셉션(Reception)

리셉션은 원래 지위가 높은 공직자나 외교관이 공식적으로 베푸는 칵테일

파티에 한해서 쓰던 용어였다. 그러나 오늘날에는 대부분 특정한 사람을 위해 혹은 중요한 일을 축하 또는 기념하기 위해 베푸는 공식 모임을 가리킨다. 사적인 경우라도 결혼식 피로연 때만은 리셉션이라고 한다. 개최시간이나 형식은 일정하지 않지만 대체로 칵테일, 뷔페 등의 형식으로 차려지며 개최목적에 맞는 복장을 갖추는 것이 매너이다. 기업의 신제품 론칭, 전시회나 음악회 등을 위한 오프닝 파티로도 진행된다.

○ 뷔페파티(Buffet Party)

요리가 개별적으로 서빙되는 것이 아니고 한정된 장소에 일괄적으로 세팅되어 있어 참석자들이 셀프 서비스하여 음식을 먹는 형태이다. 좁은 공간에 많은 사람을 초대해야 하는 공간적인 배려와 함께 조리와 서비스에 인원과 시간이 투여되는 것을 약식으로 진행하여, 편의성을 도모하는 뜻에서 시작된 파티 형식이다.

형식에 따라 Sitting Buffet와 Standing Buffet로 분류된다. Sitting Buffet 형식은 앉아서 먹을 수 있게 테이블이 따로 마련된 파티로 지정 좌석이 있되 요리 서비스는 메인테이블에서 하는 방식이며, 서양보다는 동양에서 자주 이루어진다. Standing Buffet 형식은 의자가 정해져 있지 않아 파티시간 동안 서서 진행되는데 공간의 제약이 있을 경우나 많은 인원이 참석한 경우 가능한 파티이다.

○ 티파티(Tea Party)

티파티는 영국에서 유래된 여성들의 사교모임으로 홍차를 비롯해 차와 쿠키, 케이크, 과일 등이 주메뉴가 된다. 티파티 준비 시 신경을 써야 할 것은 음식 외에도 식탁보와 냅킨, 찻잔, 식기 등이다.

티파티는 음식 자체보다는 분위기를 즐기는 것이므로 모임의 성격이나 계절에 따라 잘 어울리는 것으로 준비하는 것이 좋다.

시간은 오전 10~11시 혹은 통상적인 애프터눈 티타임인 오후 2~4시 사이에 열리는 것이 보통이다.

○ 샤워파티(Shower Party)

친한 친구나 가족이 주축이 되어 특별한 의미가 있는 날에 축하와 필요한 물품을 선물함으로써 도움을 주고자 마련하는 파티로 Baby Shower, Birthday Shower, Bridal Shower 등이 있다. 이 중 베이비 샤워는 아기 출산을 앞두고 축하하는 의미로 간단한 차와 다과를 들면서 즐기는 파티이다. 샤워라는 의미가 주는 것은 "쏟아진다"는 뜻으로 아기의 머리 위로 축복과 행운이 내리기를 기원한다는 뜻에서 유래했으며 초대된 사람들은 아기에게 필요한 선물을 준비한다. 결혼을 앞둔 예비 신랑신부를 위한 파티인 브라이덜 샤워는 신부의 부모가 준비하고 간단한 런치 메뉴로 차와 스낵, 와인 등을 즐긴다.

○ 홈파티(Home Party)

홈파티는 집으로 사람들을 초청하여 파티를 여는 경우로 가장 정성을 다하는 초대로 여겨진다. 파티가 시작되면 주인이나 여주인은 손님을 맞이하는 자리에 있어야 하며, 손님에게 가족원 모두를 소개하며 인사를 시키도록 한다.

○ 포트럭 파티(Potluck Party)

포트럭 파티는 참가자들이 각자 준비한 일품요리를 한 가지씩 가져와 한자리에서 함께 즐기는 비교적 부담 없는 파티이다. 파티 초대장에는 "Bring Your Own"의 약자인 'B. Y. O'로 표기된다. 독특한 재미와 음식의 다양성이 있는 개인적 성향이 강한 파티형태이다.

③ 파티 준비

○ 초대장

초대장은 직접 전달하는 것이 정중하고 성의가 있다. 우편이나 이메일로 발송할 경우 2주일 전에 받을 수 있도록 한다. 가급적 주최자가 직접 써서 보내야 하며, 여의치 못할 경우 서명만이라도 자필로 한다. 초대장 문안은 주빈이 있는 경우 주빈과 사전에 충분한 의견을 교환하는 것이 바람직하다. 초대 일시, 장소, 목적, 주최자의 소속과 성명, 연락처, 교통편 등을 명시한다. 또한 파티의 형식을 제시하여 참석자들이 필요한 준비를 할 수 있도록 한다. 특히 드레스코드가 있을 경우 명시한다. 참석 여부에 대한 확인이 필요할 때는 참석 여부 회신을 부탁한다는 문구도 명시한다.

○ 좌석의 배치

공식적인 행사나 연회인 경우 공식서열 및 관례상 서열을 충분히 감안하여 신중하게 좌석 배치를 한다. 대규모 파티인 경우 테이블 플랜을 연회장 입구에 설치하거나 옆 벽면에 게시하고 각 테이블마다 명패를 놓아 혼선을 피한다.

④ 파티 참석 매너

○ 참석 여부 회신

초대장을 받은 사람은 빠른 시간 내에 참석 여부를 알린다. 참석을 못할 경우 그 이유와 함께 초대에 대한 감사의 인사를 해야 한다. 또한 초대 여부를 번복하는 것은 큰 사고나 예기치 못한 상황이 아닌 이상 매너에 어긋나므로 주의한다.

○ 복장

파티의 시간, 장소, 목적 등을 고려하여 적절한 옷차림으로 참석한다. 서양에서는 대개 행사나 모임 초대장에 드레스코드를 명시하는데 주로 화이트타이(White Tie), 블랙타이(Black Tie), 모닝코트(Morning Coat) 등으로 표시된다. 화이트타이는 연미복을 의미하며, 블랙타이는 턱시도를 의미한다. 만약 초대장에 예복에 대한 드레스코드가 기재되어 있지 않으면 남자는 신사복, 여자는 원피스 차림이 적당하다. 품격이 있는 파티라면 조금은 화려하면서도 세련되고, 우아한 이미지의 복장을 선택한다. 외국인과 함께하는 파티라면 우리의 전통복장인 한복을 입는 것도 좋다.

남성의 예복은 격식에 따라 낮과 밤을 구별해서 입는 것이 원칙이다. 주간의 정식예복인 모닝코트는 국가 원수나 고위 공직자가 개최하는 공식 오전행사, 정식 오찬, 공식 야유회, 주간 혼인식에서 예복으로 착용한다. 주간의 약식예복인 색코트는 모닝코트와 평상복의 중간 형태로 주로 외교관계자들의 공적 방문, 회의, 오찬, 다과회 등의 오전 행사에 착용한다. 최근에는 검은색 계통의 정장으로 대체되고 있다. 반면 야간의 정식예복인 연미복은 공식 만찬, 무도회, 공식 야간 리셉션, 오페라, 음악회, 야간 혼인식 등에 착용하며, 야간의 약식예복인 턱시도는 밤에 열리는 각종 파티나 콘서트, 호텔, 클럽, 유람선의 만찬 등에서 입는다.

여성의 경우는 남성의 연미복에 상응하는 야간예복인 이브닝드레스(Evening Dress)와 남성의 모닝코트나 색코트에 어울리는 주간예복인 애프터눈드레스(Afternoon Dress), 칵테일드레스(Cocktail Dress)로 구별된다.

Plus Manner - 남녀 예복의 종류

◎ **남성의 예복**

격식	스타일	주야간	타이	셔츠
정식	모닝코트	낮	흑백 줄무늬	윙칼라
	연미복	밤	흰색 타이	일반형
약식	턱시도	밤	검정 타이(보타이)	윙칼라
	색코트	낮	은잿빛 타이	일반형
	검정 슈트	낮, 밤	흰색 타이 (밤에는 흑색 타이도 가능)	일반형

◎ **여성의 예복**

격식	스타일	주야간	특징	신발	가방	액세서리	비고
정식	애프터눈 드레스	낮	노출이 적은 단색의 무늬 없는 옷감	가죽 구두	소형 백	진주 등 광택 없는 액세서리	최근 투피스도 착용
	이브닝 드레스	밤	소매가 없고 길이가 긴 드레스	이브닝 슈즈	소형 이브닝백	광택 있는 액세서리 흰색장갑	-
약식	칵테일 드레스	낮, 밤	자유로운 색상과 디자인	가죽 구두	소형 백	광택 있는 액세서리	-

차성란(2008)

○ 파티 참석

파티 참석 시에는 정해진 약속시간에 늦지 않게 도착하도록 한다. 특히 정식 디너파티에는 다른 손님을 생각하여 부득이 늦어질 경우 전화연락을 해야 한다. 파티 장소에 도착하면 우선 주최자에게로 가서 인사를 나누고, 초대에 대한 감사의 마음을 전한다. 선물을 준비해서 가져갈 때는 상대가 부담스럽지 않는 범위 내에서 하는 것이 좋다. 디너파티의 경우는 꽃이나 와인 등을 갖고 가는 것이 좋으며, 외국인이 주최하는 파티라면 한국을 상징하는 선물이 좋은 선물이 될 것이다.

○ 대화

파티 장소에서는 밝은 표정과 정중한 태도를 유지하도록 한다. 대화 시간을 독점하지 말고 대화에서 소외된 듯한 사람에게도 질문을 던져 대화의 기회를 동등하게 나누는 것이 좋다. 한 사람만을 시종일관 붙들고 대화하는 것은 바람직하지 않으며, 여러 사람과 자연스럽게 대화를 나누어야 한다. 화제는 주로 남녀 공동의 관심사인 날씨, 스포츠, 요리, 와인, 자녀교육, 여행 등과 같은 내용을 선택하는 것이 무난하다. 반면 정치, 종교, 금전적인 것과 관련된 심각하고 부담스러운 화제는 피하는 것이 좋다.

식사할 때도 먹고 마시는 것에만 몰두하지 말고 참석자들과 대화를 즐긴다. 서서 사람들과 이야기할 때에는 음료수만 들고, 접시는 테이블 위에 놓는다. 빈 접시는 테이블 왼쪽에 놓고, 종업원에게 치우도록 한다. 식사 중에는 되도록 자리를 뜨지 않으며, 식사가 끝난 뒤에도 바로 자리에서 일어나지 않고 다른 참석자들이 식사를 마쳤을 즈음에 천천히 일어나는 것이 좋다.

○ 답례인사

파티 장소를 떠날 때에도 감사의 뜻을 표시하는 것이 매너이나 주최자가 바쁘거나 대화 중일 때에는 인사는 생략해도 무방하다. 초대받은 파티의 경우는 돌아온 뒤 감사의 뜻을 전하는 감사의 말을 편지나 전화로 전하는 것이 좋다.

(2) 선물

선물은 기쁠 때는 축하하기 위하여, 슬플 때는 위로하기 위하여 서로 정 (情)을 나누는 한 형태로, 마음이 담긴 인사가 된다. 선물은 비즈니스 차원이든 사교의 차원이든 분명한 것은 인간관계 형성에 중요한 촉매 역할을 한다는 것이다. 다만 보이지 않는 생각과 감정을 눈에 보이게 전달하는 것이기에 좀 더 세심한 배려가 수반될 때 본래의 전달 의미가 효과적으로 나타나며, 좋은 이미지가 서로에게 온전히 담아질 수 있다.

① 선물을 전할 때의 매너

상대를 고려한 최선의 선물을 선택하였더라도 이를 적절하게 전하지 못한다면 효과가 감소할 수 있다. 선물은 그것에 담긴 목적, 받는 사람의 환경과 취향, 친분관계, 실용가치 등을 고려하여 고르고 전달할 때 카드를 첨부하여 그 의미와 정성을 강조하도록 하며, 선물의 포장에도 신경을 써서 좀 더 선물 자체가 돋보이도록 한다.

선물은 방문하여 상대와 직접 만난 자리에서 바로 건넨다. 이때 자신감 있고 긍정적으로 보일 수 있는 인사말을 하면서 선물을 건넨다.

② 선물을 받을 때의 매너

선물을 받을 때 또한 건넨 사람의 성의와 마음을 확인하여, 적절한 감사를 표현하는 것이 필요하다. 선물을 직접 건네받았을 때는 그 자리에서 즉시 풀어 보고 기쁨과 감사의 표현을 하는 것이 좋다. 부득이 받은 선물을 그 자리에서 풀어 보지 못할 경우 받은 선물은 바닥이나 구석진 곳에 놓지 않도록 유의하여 상대에게 받은 선물을 귀하게 여긴다는 느낌이 들도록 한다.

우편으로 선물을 받았을 때는 선물한 사람이 궁금해하지 않도록 즉시 받았다는 전화나 메일 등을 보내며, 비즈니스상의 이유나 개인적인 사유로 받지 못할 경우는 상대의 마음이 상하지 않도록 받지 못하는 이유를 최대한 정중하게 편지로 써서 돌려보낸다.

Plus Manner - 선물할 때 고려할 점

◎ 상대의 상황에 부합하는가를 고려한다. 특히 회사마다 선물에 대한 규정이 제시되어 있는 경우, 선물 수수 가능 여부와 가능 품목, 제한 선을 사전에 파악해야 한다.

◎ 적절한 전달시기를 고려한다. 시기를 맞추지 못하는 선물은 의미가 축소될 수 있으므로 미리 준비하여 적절한 시기에 전달한다.

◎ 상대의 기호에 맞는 선물이라면 받는 사람의 기쁨이 배가 될 것이며, 주는 사람의 배려까지 담겨 좀 더 의미 있는 선물로 인식될 수 있다.

◎ 선물의 가격이 적절한가를 고려한다. 무조건 비싼 선물이 상대를 기쁘게 하지는 않는다. 도리어 상대를 당황하게 할 수도 있다는 점에서 분수껏 준비한다.

Plus Manner - 상황별 선물 보내는 시기

◎ 혼인: 1개월 전~1주일 전까지

◎ 출산: 출산 후 1~3주일 사이

◎ 생일 및 기념일: 1주일 전~당일

◎ 명절: 1주일 전~당일

◎ 크리스마스: 이브까지

◎ 일반적인 비즈니스: 첫 만남 시

◎ 여행 및 연수, 유학: 출국 2~3일 전

◎ **중국**

괘종시계와 배를 금한다. 괘종시계의 종(鍾)은 발음상 죽음을 의미하는 종(終)과 같으므로 금기하며, 배 [梨]는 이별을 의미하는 리(離)와 발음이 같기에 기피한다. 흰색과 검은색, 파란색이 많이 들어간 물건과 손수건 등도 죽음과 눈물을 상징하기에 삼간다. 저녁식사나 파티에 초대받은 경우 먹을 것을 선물로 가져가지 않는다. 중국인들은 선물을 받을 때 예의상 기본적으로 세 번 정도 거절한다. 그러므로 선물을 건네는 사람은 세 번 이상 권하는 것이 매너이다.

◎ **일본**

흰색 꽃과 4와 관련된 선물, 칼을 금한다. 흰색 꽃과 4는 죽음을 의미하며, 칼은 단절을 의미하므로 삼간다. 방문 시 작은 선물이라도 반드시 준비하며, 특히 포장에 신경을 쓴다. 선물을 건넬 때는 본인에게 명확히 전하며, 음식의 경우라면 먹는 방법, 물건이라면 사용방법을 자세히 알려 주는 것이 매너이다.

◎ **말레이시아**

돼지고기와 술은 이슬람 율법에서 금하는 것이기에 피한다. 강아지 문양이 들어간 그림과 장난감은 부정한 것으로 여기므로 삼간다. 선물보다 정성이 담긴 카드를 더욱 선호하므로 선물에는 반드시 카드를 함께한다. 왼손과 오른손 사용의 용도가 분명하므로 선물을 건네고 받을 때는 반드시 오른손을 사용한다.

◎ **미국**

백합꽃은 죽음을 의미하므로 삼간다. 받은 선물은 기쁜 마음으로 받은 자리에서 바로 풀어 보는 것이 매너이다.

◎ **영국**

가정으로 방문 시 초대한 여주인은 케이크를 만들어 접대하게 되므로, 방문할 때 케이크를 선물로 가져가는 것을 삼간다. 특별한 관계가 아닌 이상 지나치게 비싼 선물은 상대를 당황하게 하므로 부담을 주지 않는 저렴하면서도 실용적인 것을 선물한다.

◎ **프랑스**

카네이션은 장례용으로 사용되기에 일반적 선물로는 삼간다. 또한 붉은 장미는 구애를 의미하기에 연인 사이에서만 주고받는다. 프랑스인에게 향수와 와인은 기호품이기에 선물하지 않는 편이 좋다.

◎ **러시아**

러시아인들은 선물을 받는 것을 좋아하고 선물을 주고받는 것이 생활의 일부분으로 정착되어 있다. 다만 고가의 선물은 삼간다. 선호하는 품목으로는 향수, 계산기, 지갑, 라이터 등이 대표적이다. 꽃 선물은 5송이 이상은 숫자에 상관이 없으나 2송이 혹은 4송이는 금기한다. 꽃을 선물할 때 초콜릿을 함께 하면 좋다.

3) 경조사 매너

영국의 격언 중에 "슬픔을 나누면 반으로 줄지만 기쁨을 나누면 배로 늘어난다."는 말이 있다. 우리의 생활문화 속에서도 기쁜 일을 축하하고 슬픈 일을 위로하는 나눔의 문화가 인간사의 도리로 중요시된다.

축하할 일이나 안타까운 일을 당한 사람에게 매너를 갖춘 축하나 위로는 사람과 사람의 관계를 윤택하게 하고, 가치 있는 삶의 덕목이 된다.

(1) 축하

① 혼인(婚姻)

혼인이란 남자가 장가들고 여자가 시집을 간다는 말로 남녀가 만나 부부가 되는 일을 말한다. '인륜지대사(人倫之大事)'라 일컬어지는 의미 있는 경사인 혼인식에 참석할 때 갖추어야 할 매너를 살펴보기로 한다.

우리나라의 헌법이나 민법 등 모든 법률에서는 결혼이란 말은 쓰이지 않고 반드시 '혼인'이라고 쓰고 있다. '결혼'이라는 낱말에는 남자가 장가드는 데 여자는 곁붙어서 따라간다는 의미가 담겨 있으며, '혼인'이라는 낱말에는 남자가 장가들고 여자가 시집간다는 의미가 담겨 있다. 특히 신부 측에 축하를 할 경우에는 '혼인'이라는 어휘가 들어가는 인사말 및 서식을 갖추어야 할 것이다. 양성평등 측면에서도 남자와 여자가 만나 부부가 되는 일에 있어 '혼인'이라는 어휘를 사용해야 할 것이다.

하객은 혼인 당사자들보다는 화려하지 않는 복장 선택이 중요하다. 축하의 자리이기에 밝은 분위기를 연출하는 것이 좋으나 지나치게 개성이 강하거나 노출이 심한 옷차림은 삼간다.

일반적으로 축의금은 혼인 당사자와 부모에 대한 축하 인사의 한 표현이다. 축의금은 단자를 갖추어 마련하고, 선물은 사전에 혼인 당사자들에게 의견을 구해 필요한 품목을 준비한다. 식장에 참석할 때 가까운 사람이 아니면 가족을 동반한 참석은 고려한다.

축하의 인사말로는 "혼인을 축하합니다.", "혼인을 경하드립니다." 등의 말을 당사자와 부모님들께 건넨다.

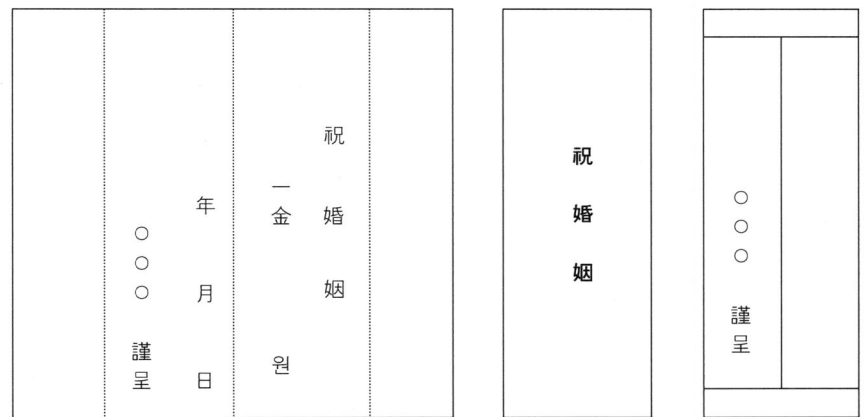

〈그림 30〉 혼인 봉투 및 단자 서식

② 생일

생일 축하의 의미는 태어나게 해 주신 부모님에 대한 감사와 더불어 가족 친지, 지인들과 축복의 기쁨을 함께하는 데 있다. 우리나라에서는 일생의 생일 중에서도 특히 돌잔치, 성년식, 회갑연 이후의 수연례에 특별히 축하하는 자리를 마련한다.

○ 돌잔치

첫돌은 첫 번째 생일을 맞은 아기의 건강과 축복을 기원하는 것으로 아기가 1년 동안 위험한 고비를 무사히 넘기고 건강함을 축복해 주는 잔치가 행해진다.

돌잔치에 참석하는 하객은 선물로 아기용품이나 축하금을 마련하며, 아기의 부모에게 아기가 건강하게 성장하기를 기원하는 마음을 담은 인사말을 건넨다. 가족 단위의 참석도 무방하며, 참석한 하객은 이벤트 진행에 적극적으로 참여하여 진정한 축하자리가 될 수 있도록 한다.

Plus Manner – 돌상 차림 떡에 담긴 상징성

◎ 백설기
  신성하고 깨끗한 마음의 소유자로 성장하기를 바라는 의미

◎ 오색떡
  오색찬란하게 소원 성취하기를 바라는 의미

◎ 수수경단
  붉은 팥과 붉은 수수가 나쁜 기운을 막아 준다는 믿음으로 아기가 건강하게 잘 자랄 수 있도록
  기원하는 의미

◎ 인절미
  찹쌀로 만들어지는 인절미와 같이 끈기가 있고 대범하기를 바라는 의미

◎ 송편
  속을 넣은 송편은 속이 꼭 차라는 의미이며, 속이 빈 송편(망두떡)은 마음이 넓은 사람이 되기를
  바라는 의미

Plus Manner – 그린기프트(Green Gift)

그린기프트는 축하와 기부를 동시에 실천하는 새로운 선물방식이다. 생일이나 기념일을 맞이한 주인공에게 축하의 뜻으로 전달되던 선물 및 화분 대신 축하를 받아야 하는 당사자의 이름으로 기부를 하는 프로그램이다.

○ 성년식

우리나라에서 성년의 날은 매년 5월 셋째 주 월요일로 규정되어 있다. 학교나 직장에서 행해지는 성년식은 만 19세의 남녀 모두를 대상으로 이루어진다. 성년식은 단순히 지인과 친구들로부터 선물과 축하를 받는 날로 국한되기보다는 이 의식을 통해 성인으로서의 책무를 함께한다는 점에도 의미를 두어 성년으로서의 자긍심을 되새기는 하루가 될 수 있도록 해야 한다.

성년식의 참목적은 '책성인지례(責成人之禮)'이다. 즉 온전한 인격체로서 자신의 판단과 행동에 책임을 지는 것이 어른이라는 깨달음을 성취하는 의식이다. 한 인격체로서는 철이 들어 보다 성숙해짐을 자각하는 변화의 기점이고, 사회적으로는 사회구성원의 새로운 영입을 뜻하기 때문에 과거에도 오늘날에도 개인은 물론 가족과 사회에 있어서 중대한 일이다.

한국의 전통사회에서 남자는 '관례(冠禮)', 여자는 '계례(笄禮)'라는 이름으로 성년례가 치러졌다. 1999년 문화관광부에서는 이러한 전통 성년례를 부활시켜 청소년들에게 전통문화에 대한 긍지와 자부심을 심어 주고, 전통 성년례에 담긴 사회적 의미를 깨우쳐 줄 목적으로 표준 성년례를 제시하였다. 이는 전통적인 절차를 간소하고 알기 쉽게 정리하여 보다 많은 이들이 성년식을 거행할 수 있도록 한 것이다.

언제부턴가 성년의 날에 성년례의 본래적 의미를 되새기기보다는 장미, 향수, 키스를 받는 날이라는 의미 정도로 성년의 날이 관행화되고 있다. 성년 당사자는 물론 주위 사람들이 좀 더 성년의 날을 의미 있고 뜻 깊게 인식하는 사회적 움직임이 필요한 때다.

Plus Manner - 표준 성년례의 절차

◎ 큰손님과 성년자의 상견례(相見禮)

성년이 되는 사람이 의식을 주관하는 어른인 큰손님과 만남이 이루어지는 것이다.

◎ 삼가례(三加禮)

성년이 되는 사람에게 세 차례에 걸쳐 어른이 입는 복장을 착용하도록 하고, 성인으로서 생활하는 데 필요한 교훈의 말씀을 전하는 순서이다.

◎ 초례(醮禮)

초례는 성인이 되었음을 인정하고, 이를 축하하는 의미에서 술을 내려 마시도록 허락하는 의식이다. 이 때는 술을 마시는 법도와 함께, 음주에 대해 경계가 될 만한 교훈도 함께 내린다.

◎ 수훈례(垂訓禮)

과거에는 성년자에게 이름 대신 부를 수 있는 자(字)와 함께 가르침을 내려 주는 가자례(加字禮)를 행했으나 최근에는 자를 사용하지 않으므로 평생토록 지닐 삶의 교훈을 전하는 수훈례로 대신한다.

◎ 성년선언(成年宣言)

성년선언은 성년례의 모든 의식을 마치고 성년이 되었음을 공식적으로 선언하는 의식이다.

○ 수연례(壽宴禮)

회갑을 비롯한 어른의 생신 잔치인 수연에는 그 분의 장수를 기뻐하며 더욱 만수무강하기를 기원하는 축하의 자리이다. 이때 자녀들이 부모님께 술을 올리는 헌수의식을 통해 오래 사시기를 기원하고, 친척과 가까운 이웃을 청하여 부모님을 즐겁게 해 드린다.

수연례에 초대를 받은 사람은 돈이나 물건을 부조함으로써 인사를 한다. 만약 참석한 친척이나 친지가 회갑을 맞는 분에게 선물을 드리고자 할 때는 두 분 모두에게 하는 것이 예의이며 선물은 부부가 함께 즐길 수 있는 것이 좋다.

축의금은 단자를 갖추어 마련한다. 단자에는 '축수연', '축회갑(칠순, 팔순, 구순 등)', '수연을 축하합니다' 등의 문구를 사용한다. 인사말은 "축하합니다. 더욱 건강하시고 만수무강을 기원합니다." 등의 말을 수연 당사자에게 건네며, 그 가족에게는 "아버님(어머님)의 회갑(칠순, 팔순, 구순 등)을 축하합니다. 더욱 강령하시고 복된 나날 보내시길 바랍니다."라고 한다.

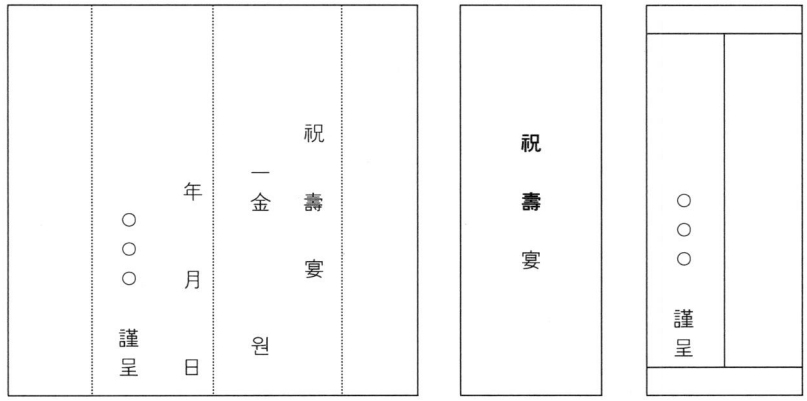

〈그림 31〉 수연 봉투 및 단자 서식

Plus Manner - 생신의 명칭과 의미		
연령	명칭	의미
60세	육순(六旬)	열(旬)이 여섯이라는 말로, 육십갑자를 모두 누리는 때이다.
61세	회갑(回甲)	환갑(還甲), 주갑(周甲), 화갑(華甲), 화갑(花甲)이라고도 한다. 이는 육십갑자를 다 지내고 다시 낳은 해의 간지가 돌아왔다는 의미이다.
62세	진갑(進甲)	새로운 육십갑자가 시작되어 진행된다는 의미이다.
66세	미수(美壽)	아직도 여력이 있으니 참으로 아름답다는 뜻에서 연유하며, '美'자가 六十六이 되는 데서 유래되었다.
70세	칠순(七旬)	고희(古稀), 희수(稀壽)라고도 한다. 그러나 고희와 희수는 당사자가 너무 오래 살았다는 뜻이 되므로 칠순이라는 표현을 쓰는 것이 더 바람직하다.
77세	희수(喜壽)	'喜'자를 초서로 쓰면 七十七이 되는 데서 유래되었다.
80세	팔순(八旬)	산수(傘壽)라고도 한다.
88세	미수(米壽)	'米'자가 八十八을 뒤집어 바르게 쓴 데서 유래되었다.
90세	구순(九旬)	졸수(卒壽)라고도 한다. 그러나 졸수는 '卒'자가 끝나다 혹은 마치다의 뜻이 있으므로 구순이라는 표현을 쓰는 것이 바람직하다.
99세	白壽(백수)	'白'은 '百'에서 '一'자를 뺀 글자라고 하여 백수라 부른다.

③ 승진과 영전

승진은 직장 내에서 직위가 오르는 것을 말한다. 인사말로는 "승진을 축하하며 앞으로도 모든 일 뜻대로 이루시기를 기원합니다.", "승진을 계기로 더욱 힘차게 전진하시기를 기원합니다."라고 한다.

영전은 현재보다 좋은 자리로 옮기거나 발령이 나는 것을 말한다. 인사말로는 "영전을 진심으로 축하하며, 더욱 발전하시기를 기원합니다.", "영전을 축하하며 앞날의 발전과 행운을 기원합니다."라고 한다.

Plus Manner – 선물로 보내는 난의 의미

난은 사군자의 하나로 예로부터 집 안에 난초를 기르거나 난초그림을 걸어 두는 풍습이 있었다. 이는 집안에 상서롭지 못한 일이 생기지 않도록 예방하는 벽사의 역할을 난초가 한다는 믿음에서이다. 또한 난은 사군자 중 유일하게 꽃의 향기, 잎과 줄기의 선까지를 모두 갖춰 으뜸으로 여겨졌고 그 생명력으로 화분에 심기도 적당해 귀하고 품격 높은 선물로 인식되었다.

승진이나 영전한 사람에게 난을 보내는 것은 직위 상승과 환경 변화가 이루어지는 가운데 나쁜 일이 생기지 않도록 하고, 새롭게 맡은 자신의 역할에 적합하게 멀리까지 좋은 향기를 내어 주위 사람을 덕화시키기 바란다는 의미를 담고 있다.

(2) 위로

사회생활 가운데 위로 상황인 문병, 문상, 추모를 중심으로 관련된 매너를 살펴보기로 한다.

① 문병

문병 전에 보호자에게 전화를 걸어 방문가능 여부를 물어보는 것이 좋다. 문병할 때는 어두운 검은색보다는 환자의 기분이 환해지도록 밝은색의 옷을 입고 가도록 한다.

방문 중 환자에게 직접적으로 질병에 대해 자세히 묻거나 환자를 흥분시킬 이야기나 행동은 삼간다. 환자에 대한 인사말로는 "얼마나 고생이 되십니까. 쾌유를 바랍니다." 등의 위로와 격려의 말을 건네며, 보호자에게는 "얼마나 걱정되십니까. 환자분이 속히 나으시길 바랍니다."라고 인사말을 건넨다.

환자의 상태에 따라 적절한 선물을 준비하는데 환자나 보호자가 드실 간단한 음식, 책이나 잡지 등이 무난하다. 꽃은 가능 여부를 간호실에 문의 후 준비하는 것이 좋다.

위로금을 건넬 때는 단자를 갖추어 준비하는데, 단자에는 "기쾌유(祈快瘉)", "쾌유를 기원합니다" 등의 문구를 사용한다. 준비한 위로금은 보호자에게 건넨다.

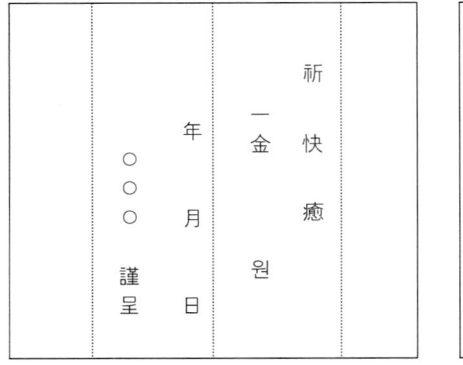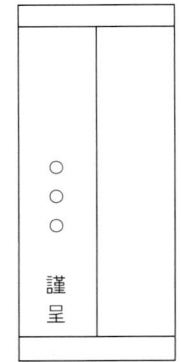

〈그림 32〉 문병 위로금 봉투 및 단자 서식

② 문상(問喪)

문상은 조상(弔喪)과 조문(弔問)이 합쳐진 말이다. 여기서 조상은 고인에게 예(禮)를 올리는 것을 이르며, 조문은 상주에게 인사하고 위로하는 것을 이른다.

문상시간에 있어 과거에는 상주들이 성복을 한 후 문상을 하는 것이 예의였으나 오늘날은 상주의 성복 여부와 관계하지 않고 문상을 하는 경우가 많아서 장례식장에서는 상주들의 성복전에도 문상을 할 수 있도록 준비한다.

문상객의 옷차림으로 남성은 검은색 슈트나 어두운색의 정장이 적당하며, 타이는 검은색 혹은 단색의 화려하지 않은 색으로 준비한다. 셔츠는 반드시 흰색을 갖춘다. 여성도 검정이나 단색의 화려하지 않은 색의 정장이 무난하며, 액세서리나 스카프는 삼간다. 또한 화장이 진하지 않도록 유의한다. 문상을 갈 때 맨발은 삼가며, 무더운 여름일지라도 상의와 하의 모두 긴 것을 원칙으로 한다.

장례식장에 들어서면 입구에서 부의록에 소속과 성명을 쓴 후 안내를 받아 안으로 들어간다. 영좌 앞에서는 흉사 시의 공수를 하고 선다. 꽃이 준비되어 있으면 꽃을 들어 헌화대에 꽃봉오리가 문상객 쪽을 향하도록 해서 올린다. 향상 앞으로 가서 분향을 하되 여러 사람이 단체로 문상을 간 경우 대표자만 분향하도록 한다. 분향 후 영좌 앞에 절을 할 경우에는 재배(再拜)로, 경례를 할 경우에는 큰경례를 한 번 하며, 기독교와 천주교 교인인 경우에는 기도를 한다. 상주와는 평절 한 번으로 맞절을 하고, 경례할 경우 평경례를 한 번 행한다. 그리고 문상객이 먼저 위로의 인사말을 건넨다. 위로의 인사말은 되도록 짧고 정중하면서 사려 깊게 하도록 한다. 대개 상주에게 "얼마나 상심(傷心)이 크십니까.", "얼마나 애통하십니까." 등의 인사말을 건넨다. 상주는 조문객에게 "먼 길에 이렇게 와 주시어 감사합니다."라고 인사를 한다. 상주와 인사가 끝나면 물러 나와 부의(賻儀)를 호상소에 낸다. 상주는 영좌를 모신 방에서 자리를 지켜야 하므로 문상객을 일일이 전송하지는 않는다.

문상할 때 몇 가지 주의할 사항으로는 본인의 종교와 상관없이 가급적 상가(喪家)의 의례에 따라 행하는 것이 바람직하다. 상주에 대한 인사말로 "고인이 천수를 누리셨으니 호상입니다.", "간병으로 힘드셨겠습니다. 고생 많이 하셨습니다." 등의 인사말은 하지 않도록 주의한다. 상가에서 반가운 친구나 친지를 만났더라도 큰 소리로 반가움을 표현하기보다는 문상이 끝난 후 장례식장 밖에서 따로 만나 대화를 나눈다.

부의금에도 단자를 준비하는데 단자에는 '조의(弔儀)', '부의(賻儀)' 등의 문구를 사용하며, 부의금은 상주가 아닌 호상소에 건넨다.

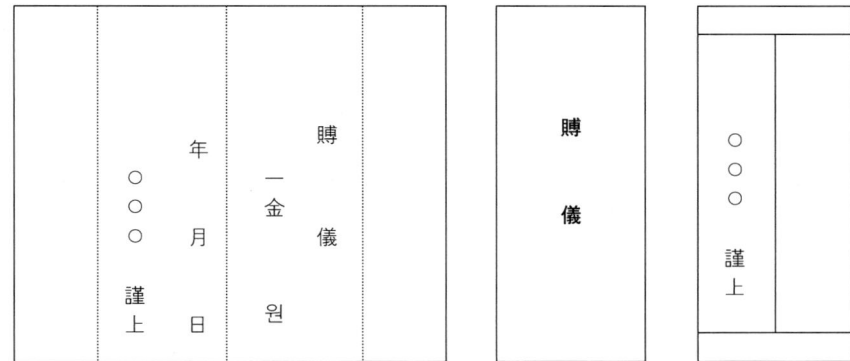

〈그림 33〉 부의 봉투 및 단자 서식

③ 추모

추모(追慕)란 돌아가신 이를 그리어 생각한다는 뜻이다. 이를 담아내는 형식은 종교나 지역 등에 따라 양상이 다양하게 나타난다. 우리나라의 경우 전통적으로 제례라는 의식을 통해 돌아가신 조상과 부모님, 지인에 대한 추모의 마음을 담아 왔다. 오늘날에는 기독교, 천주교, 불교 등 고인과 그 가정의 종교에 의거한 추모가 행해지고 있다.

어떠한 형태를 갖추든 추모의 근본은 고인을 향한 정성과 공경의 마음을 다하는 것에 있으며, 참석자들은 고인의 유지를 기리고, 고인의 가족들을 격려하고 위로하는 마음을 가져야 한다.

◎ **유교**

유교의 기제(忌祭)는 고인이 돌아가신 날 지내는 제사로 이 날은 고인을 추모하는 마음을 가다듬어 사사로운 다른 일을 하지 않는다는 의미에서 기일(忌日)이라고 한다. 기제는 고인에 대한 효를 실천하는 것이며, 참석한 가족들 간에 화목을 다지는 계기도 된다.

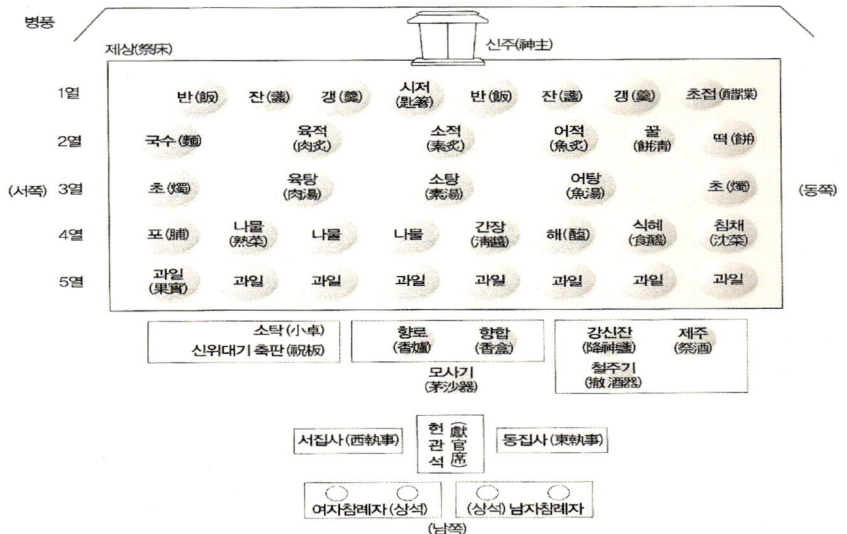

유교의 제수 진설도(동아일보사, 2007)

◎ **불교**

불교의 천도재는 영혼으로 하여금 미혹에서 벗어나 극락왕생하도록 하는데 그 목적이 있다. 천도재가 진행되는 추모의 시간을 통해 가족들은 화합과 효의 근본을 배우고 사후의 세계에 대한 올바른 견해를 가지게 된다.

◎ **천주교**

천주교의 추모는 연미사에 내재된 그리스도의 사랑의 의미를 효를 실천하는 고유한 미풍양속 안에서 발견하도록 하는 기도의 예식과 제사로 이행된다. 이러한 연미사를 통해 가족들은 내세관을 기억하게 된다.

◎ **기독교**

기독교의 추도예배는 하나님께 예배를 드리는 가운데 가족들이 고인을 회상하고, 후손들에게 고인의 미덕과 업적을 가르치도록 권면하는 의미가 있다. 이를 통해 가족들이 공동체로서 연대를 이루고 고인의 유지를 기억하게 된다.

3. 여가생활과 매너

오늘날 주 5일 근무제 정착과 삶의 질에 대한 관심 증대 등으로 여가생활에 대한 수요가 급증하면서 그 형태 또한 점차 다양화, 다변화의 모습을 담아내고 있다. 여가생활의 패러다임 또한 활동적, 참여 지향적으로 변화되고 있는 가운데 이를 구가하는 데 있어서도 좀 더 문화인다운 소양과 세련된 매너를 갖추어 서로의 여가생활이 생산적인 활동이 될 수 있도록 하는 배려가 요구된다.

1) 관람 매너

누구나 각종 공연장, 전시실, 스포츠 관람석에서 눈살을 찌푸리게 하는 장면을 경험한 적이 있을 것이다. 남의 시선을 아랑곳하지 않고, 전혀 타인에 대한 배려 없는 행동에 대해 본인이 원래 의도된 바가 없다고 해서 혹은 기본적인 매너에 대한 인식의 부족함에서 비롯된 행동이었다는 변명으로 그 잘못을 정당화할 수는 없다. 진정한 문화향유란 문화 공간 안에서 지켜야 할 기본적 수칙에 대한 인식의 바탕 위에 꽃피우게 되는 관심과 열정이어야 한다.

(1) 공연장

공연장에 참석하는 상황에서도 적절한 복장이 필요하다. 본인이 편안함을 추구하는 것도 중요하겠지만 타인의 시선을 공연이 아닌 자신의 복장에 묶어둘 의향이 아니면 문화공간으로 나서기 전 고려해 보아야 한다. 특히 클래식 공연장에서 반바지 차림에 슬리퍼를 신거나 힙합 공연장에서 정장차림에 커다란 챙이 있는 모자를 쓴 관람자는 상상할 수 없다.

음악회와 같은 공연장은 정장 차림을 원칙으로 하고 있기 때문에 예의에 맞는 옷차림이 공연장에 가는 본인에게도, 다른 관람자들에게도 좋은 공연을 감상하기 위한 기본 사항이다.

시간이 정해진 문화공연에 있어서 시간 약속은 공연 주최 측과의 약속일 뿐 아니라 함께하는 다른 관람자들과의 약속이기에 더욱 엄수해야 하는 부분이다. 적어도 공연시간 10분 전에는 정해진 자리에 앉아 공연을 기다리는 여유를 갖도록 한다.

공연장에는 알코올음료뿐 아니라 모든 음료 반입을 삼가야 한다. 자신의 불미스러운 실수로 인해 타인에게 폐를 끼칠 수 있기 때문이다. 간혹 입장할 때 음료 및 음식물 반입금지라는 알림이 있는데도 불구하고 이를 소지하고 들어와 바스락거리는 소리나 음료 마시는 소리를 내는 관람객이 있다. 조용한 곳에서 무심코 낸 소리가 얼마나 크게 들리는지 한 번쯤은 경험해 보았을 것이다. 그럼에도 불구하고 이런 상황이 계속 연출되는 것은 바로 타인에 대한 배려가 깊지 않기 때문이다. 공연 중에는 본인의 눈과 귀, 영혼을 즐겁게 하고 입의 즐거움은 공연 중간의 휴식시간을 이용해 휴게실에서 보충함이 좋을 것이다.

부스럭 소리와 함께 등장하는 고소한 팝콘, 반투명 음료수 빨대 사이로 빨려 올라가는 탄산음료의 소리, 연인 사이로 추정되는 남녀의 밀착, 모자를 얹어 더 커진 앞사람의 머리, 앞사람의 곧게 세워진 상체와 자주 바뀌는 자세, 처음부터 정해진 좌석을 못 찾아 앉아서 영화 시작 5분이 지났는데도 유랑민처럼 이곳저곳 기웃거리는 관람자, 상영 후에도 자기 자리 찾아 앉겠다고 굳은 심정으로 다른 관람자 시야를 마구 가리며 의지를 불태우는 관람자, 19세 미만 관람불가에도 불구하고 얌전한 아이라고 우기며 본인 만족만 추구하는 의지 강한 부모, 영화 속 대화에 적극 참여하여 함께 온 일행과 토론장을 연상하게 하는 관람자. 이러한 모습들은 우리가 흔히 목도하는 영화관의 스케치이다.

여가생활의 활용에 있어서 시간적, 경제적으로 가장 부담스럽지 않게 향유할 수 있는 문화가 영화 관람이 되고 있다. 최근 한국 영화 경향을 살펴보면 특정 영화, 감독, 영화인을 언급하지 않더라도 전반적 시장의 비약적인 발전과 더불어 한국이 아시아 영화의 중심지로 자리 잡아 가고 있음을 확인할 수 있다. 이에 따른 관람자의 수준도 걸맞아야 할 일이다.

모든 공공장소에서 강조됨에도 불구하고 공연장의 리듬을 깨는 또 하나의 요소는 바로 휴대폰 벨소리이다. 생활필수품으로 남녀노소에게 일반화된 휴대폰 매너는 그 비중만큼의 사회적 화두를 담고 공공장소의 기본요소로 자리하고 있다. 불가피한 상황을 제외하고는 휴대폰은 반드시 전원을 끄고 공공장소에 입장해야 한다. 진동소리도 귀에 거슬리기 때문이다. 아차의 실수를 되돌릴 왕도는 없으므로 입장 전 전원을 꺼두는 습관만이 매너의 첫걸음이다.

Check Manner - 콘서트 공연장 매너

얼마 전 아이돌 그룹의 한 명이 자신의 홈피에 공연관람자의 매너에 대한 쓴소리 한 토막을 올려 기사화된 내용을 접한 적이 있다. 기사 내용은 단독 콘서트장이 아닌 다채로운 장르의 가수들이 함께 출연하는 공연장에서 자기가 지지하는 가수의 공연이 끝나자. 다음 이어진 가수의 등장에 관계없이 관람자들이 한꺼번에 자리를 뜨는 광경을 보고 공연자로서의 심정을 피력한 글이었다. 이러한 상황은 무리 지어 움직이는 특정 팬클럽의 속성이라고는 하지만 기본적으로 공연문화에 대한 이해 부족으로 여겨진다.

좋고 싫음이 분명한 것이 개인적 의지의 차원이라면 자기가 좋아하는 공연자의 공연이 끝났음에도 불구하고 자리를 뜨지 않고 경청함도 그 공연장에 들어설 때 이미 모든 시간을 같이하겠다는 약속이기에 개인의 의지 차원으로 조절 가능한 것이어야 함을 잊지 말아야 한다. 공연 도중 개인적 혹은 집단적 자리 이탈현상은 공연자뿐만 아니라 다른 관람자들에게도 방해가 됨을 간과해서는 안 된다.

음악회와 같은 공연장의 휴식 시간은 로비에서 아는 사람과 인사를 나눌 수 있을 뿐만 아니라 새로운 사람과 교제도 할 수 있는 좋은 자리이다. 이때도 너무 큰 소리보다는 서로에게 들릴 만큼 조용한 목소리로 대화하는 것을 잊지 말아야 한다. 음악을 듣는 도중 깊은 잠에 빠지거나 코를 골아 옆 사람을 방해하지 않도록 한다. 음악공연장에서는 박수를 쳐야 하는 때를 아는 것이 필요하다. 아무 때나 박수를 치고 소리를 질러서는 안 되며, 본인이 느낀 감상을 언제, 어떻게 표현해야 할지 알아 갈 수 있도록 노력해야 한다. 지나친 추임새나 격에 맞지 않는 박수는 음악의 맥을 끊어 감상에 방해가 되는 경우도 많기 때문이다. 또 어떤 경우에도 괴성이나 휘파람, 또는 곡이 완전히 끝나기 전의 박수는 삼간다.

Plus Manner – 음악 형태에 따른 박수와 찬사	
음악의 형태	박수 및 찬사
교향곡/협주곡	악장의 수가 3~4악장으로 되어 있는 곡은 모든 악장이 끝난 후에 박수를 친다.
성악곡	프로그램을 보면 3~4곡씩을 묶어 놓고 있는데 한 묶음이 끝날 때마다 박수를 치면 좋다. 물론 모든 악장이 끝난 후에도 박수를 치면 된다.
기악연주곡	한 악장으로 되어 있거나 소품일 경우 곡이 끝날 때마다 박수를 칠 수 있다.
오페라	아리아나 이중창이 끝나면 박수를 쳐야 하고 환호하는 뜻에서 테너, 바리톤, 베이스 같은 남자 성악가들에게는 '브라보', 소프라노, 메조, 알토 같은 여자 성악가들에게는 '브라바', 남녀가 함께 불렀을 때는 '브라보' 또는 '브리비'를 외쳐 가수들을 격려한다.
궁중음악	집박을 하는 이가 입장할 때부터 인사를 할 때까지 박수로써 음악을 청하는 것이 좋고, 음악이 끝날 때도 집박이 박을 치면 박수로 답례한다.
정악	음악의 끝은 일정한 신호 없이 조용히 마무리되는데, 이때 음악의 여음이 어느 정도 잦아들 때까지 기다렸다가 박수를 친다.
민속음악	청중들은 음악에의 느낌을 비교적 자유롭게 표출할 수 있다. 예를 들어 판소리나 사물놀이의 경우, '얼쑤', '좋지', '잘한다', '얼씨구', '그렇지' 등의 다양한 추임새로 연주자들과 관중들 모두 흥을 돋울 수 있다.

(2) 전시회

① 전람회장

예술작품을 관람하는 전람회장에서는 큰 소리로 이야기하거나 신발소리를 내지 않도록 한다. 우산이나 부피가 큰 가방은 전람회장 입구 보관소에 맡기도록 한다. 작품이나 전시품에 집중하고 설명서를 읽다가 보다 자세한 내용을 알고 싶거나 자료에 관해 문의할 때는 안내를 맡은 사람에게 부탁을 한다.

전시작품이나 진열장을 만지지 않도록 하며, 너무 가까이에 가서 입김이나 옷자락이 닿는 것을 삼간다. 자료를 수집하기 위해 사진을 찍고자 할 때는 주최 측의 허락을 받고 다른 관람객들에게 폐가 되지 않게 해야 한다. 될 수 있으면 사전에 양해를 구하고, 손님이 적은 시간에 가서 사진을 찍는 것이 바람직하다. 만일 전람회장 내에서의 촬영금지에 대한 주최 측의 요구사항이 있다면 이를 반드시 준수하여야 한다.

관람을 끝내고 나올 때는 전람회의 주최 측에 축하와 감사의 뜻을 전하도록 한다.

Plus Manner - 작품 보는 법

전시물을 대하게 되면 천천히, 때로는 1～2분간 한 작품 앞에 서서 전체와 부분을 살펴보는 것이 좋다. 유명작가의 작품만 보기보다는 때로는 예기치 않았던 곳에서 좋은 작품을 발견하는 기쁨을 누릴 수 있도록 두루 눈여겨 감상한다.

미술관에서는 관람하기 좋게 동선 안내를 제시하여 놓는다. 단체 관람 경우 제시한 동선에 따라 관람하는 것이 바람직하다. 개별적으로 관람하는 경우라면 다른 관람객들에게 피해가 가지 않는 선에서 자유롭게 한 바퀴 돌아본 후 관심이 있는 작품이나 전시실을 집중적으로 살펴보는 것도 좋은 방법이 될 수 있다.

② 박물관

사전에 예약을 해 두어야 하는 박물관은 미리 전화로 예약을 한다. 단체관람으로 도슨트의 안내를 받기 위해서는 예약이 필수이다.

전시실 입장 전 휴대전화는 꺼 놓거나 진동 상태로 바꿔 놓는다. 전시실 내에 음식물 반입은 금지되어 있으므로 음료수와 음식물은 지정된 휴게실에서 먹도록 한다. 전시물에 손을 대거나 손상을 입히는 일은 없어야 하며, 안내견 이외의 애완동물의 출입은 금지되므로 이 점에 유의한다.

사전 허가 없이 사진 촬영을 해서는 안 되고 박물관에서는 유물보존을 위해 담배를 피워서는 안 된다.

(3) 스포츠

스포츠 활동에는 기본적으로 참여자와 관람자의 입장이 있다. 최근 들어 우리나라 선수들이 국제 경기에서 선전을 보임에 따라 스포츠에 대한 관심이 고조되고 더불어 경기가 열리고 있는 곳에서의 관전 매너가 자주 거론되고 있다.

경기장을 찾았을 때는 관람자의 입장에서 지켜야 할 여러 가지 준수사항이 있다. 특히 종목의 특성에 맞는 성숙한 응원문화가 절실히 요청된다. 이와 같은 관람 매너는 주변의 다른 관람자들뿐 아니라 경기를 하고 있는 선수들, 나아가 경기의 흐름에도 영향을 미칠 수 있는 것이어서 더욱 분별 있는 태도의 관전이 요청된다.

관람자는 경기가 열리고 있는 장에는 들어가지 않으며 경기 중 큰 소리로 선수나 심판을 야유, 비난하지 않아야 한다. 특히 자기편 선수의 실수에 대해서 감싸 줄 수 있는 매너와 상대편 선수의 좋은 경기에 박수를 보내는 아량을 함께 베푸는 태도가 필요하다.

시기적절한 성원은 경기에 활력을 주므로 열심히 응원을 하되 지나치지 않

도록 해야 한다. 관람석에서 자주 일어서서 뒷사람의 관람을 방해하지 않아야
하며, 쓰레기를 경기장 안으로 던지거나 관람석을 훼손하거나 더럽히지 않아
야 한다.

다음은 각 스포츠별 관전 및 참여 매너에 대해 살펴보기로 한다.

① 골프

골프에서 소음은 아주 작은 경우라도 경기자들에게 치명적인 실수를 유발
시킬 수 있다. 그래서 어느 경기보다 성숙한 관전 매너가 강조된다. 갤러리
매너로 선수가 그린에서 퍼팅을 할 때 응원 깃발을 흔든다거나 소리를 지르
지 않으며, 선수가 샷을 하기 전후에는 움직이지 않아야 한다. 되도록 카메라,
휴대폰 등의 사용을 자제하여 선수에게 소음으로 작용하지 않도록 주의하고
여성 갤러리의 경우 구두소리가 소음이 되지 않도록 한다. 또한 뒷사람의 관
전에 방해가 되지 않도록 양산 사용에 유의한다. 전체적으로 진행요원의 안내
및 통제에 충실히 따라야 한다.

골프에 참여하는 경기자는 코스에서의 매너로 안전 확인이 우선된다. 경기
자는 스윙을 하기에 앞서 공, 돌, 자갈, 나뭇가지 등이 날아가 사람이 다칠 수
있으므로 확인해야 한다. 다른 경기자가 공을 치고 있는 동안은 누구도 움직
이거나, 말을 하거나, 홀의 근처에서 서성거려서는 안 되며, 경기의 진행 속도
를 유지해야 한다. 만일 공을 찾다가 쉽게 찾지 못할 것이 분명해지면 다음
사람에게 신호하여 5분 이상 공을 찾는 데 지체해서는 안 된다. 코스 보호를
위해 경기자는 벙커를 나오기 전 자신이 만든 움푹 팬 곳이나 발자국을 평탄
하게 골라 놓아야 한다. 골프 경기자의 복장은 상하를 같은 색이나 두 가지
색 정도로 통일하고 장갑, 모자, 양말 등에 악센트를 준다. 상의는 반드시 칼
라가 있는 것으로 하며, 여름엔 땀이 많이 나기 때문에 장갑이나 양말 등과
함께 예비복을 준비해 가방에 넣어 두었다가, 하프코스가 끝날 때 갈아입는

것이 좋다.

② 테니스

테니스 또한 시합에 임하는 경기자 못지않게 경기를 지켜보는 관람자의 매너가 중요시된다. 관람자는 훌륭한 경기자에게 박수로 격려하지만 실수를 범했을 때는 박수를 삼간다. 이것은 테니스에서 불문율과 같이 지켜지는 오래된 관습이다. 시합 중 관람자는 경기자에게 소리를 질러 방해를 해서는 안 되며, 공이 움직일 때는 절대 움직이면 안 된다. 조용하게 관전하여 경기자의 주의를 흩트리지 않도록 배려하고 심판의 판정에는 관여하지 않는다.

테니스 시합에 참가하는 경기자는 경기의 일정과 시간을 엄수한다. 참여할 때 담배를 물거나 껌을 씹으면서 코트에 들어가지 않으며, 덥다고 상의를 벗거나 걷어 올려 신체를 노출시키지 않는다. 경기 중 자기 주변에 떨어진 공은 자신이 줍고, 상대에게 공을 줄 때는 받기 좋도록 주며 상대 선수가 준비되었는가를 확인하고 서브를 넣는다. 상급자나 선배와의 시합 때는 먼저 코트에 나가 기다리며, 코트를 바꿀 때도 상급자나 선배에게 길을 양보한다. 심판에게 인사로 매너를 갖추고, 경기 중 심판의 판정에 불응하거나 자기의 감정을 노골적으로 표출하며 화를 내서는 안 된다. 테니스는 에너지소모가 많은 운동으로 땀의 양이 많다. 쾌적한 조건에서 경기를 계속하기 위해 땀을 빨리 흡수하고, 흡수한 땀을 곧 공기층으로 날려 보내는 기능이 있는 복장과 신발을 착용하는 것이 좋다.

③ 수영

현대인이 즐기는 스포츠 가운데 수영은 남녀노소를 불문하고 건강을 위한 스포츠로 자리를 하고 있다. 수영장에 있어서도 지켜야 할 매너가 있다. 풀에 입장하기 전 반드시 샤워를 한 후 풀에 들어간다. 이때 샤워용품은 자신의 것을 지참한다. 수영복과 수영모는 반드시 착용하도록 하며, 풀에 들어갈 때는 자신의 수영수준에 맞는 곳을 선택한다. 초보자를 배려하는 마음도 필요하다.

같은 레인에서 서로 교차할 때 상대의 신체에 접촉하지 않도록 주의하며, 수영장의 좁은 레인에서는 항상 우측통행을 하고 회전 시에는 시계 반대방향으로 한다. 선행자와는 일정한 거리를 유지하는 것이 필요하다. 레인의 끝으로 이동할 경우 다른 사람들의 진로를 방해하지 않도록 유의하고, 수영을 끝내고 풀에서 나온 후 보조기구를 사용한 사람은 기구를 제자리에 가져다 놓도록 한다.

수영복은 자신의 체형에 맞는 색상과 디자인을 선택하되 너무 노출이 심해서 계속 신경을 써야 한다든가, 스타일에만 신경 써서 도저히 풀에 들어갈 수 없는 부담스런 수영복이라면 피하는 것이 좋다. 수영모는 수영경기에서 물의 저항을 줄이고, 수영장 내의 청결을 유지하기 위해 사용된다.

④ 스키

스키장에서는 모든 사람의 안전을 위해 지켜야 할 매너를 잊지 말아야 한다. 스키는 스피드를 동반하기 때문에 상해가 발생하기 쉽다. 안전한 스키를 위해 스키어로서의 규칙을 지키고 사고나 트러블을 예방함과 동시에 깨끗한 환경을 유지하도록 해야 한다.

자신의 실력에 맞는 슬로프를 선택하여 스키를 타야 한다. 초보자의 경우 기초기술을 익힌 후 리프트에 탑승하도록 한다. 리프트 탑승 시에는 반드시 순서를 지키도록 하고 리프트 운행 중의 장난이나 심한 움직임은 탈선과 추락의 위험이 되므로 주의한다. 남의 이목을 의식한 직활강이나 과속, 난폭한 스키는 자신 이외에 다른 사람들에게 큰 위험을 안겨 주게 된다. 슬로프 중앙에서 급정지를 하거나 멈춰 서 있는 것은 매우 위험한 일로, 다른 스키어들과 부딪칠 위험이 크다. 슬로프에 쓰레기를 버리는 행동과 운동화를 신고 슬로프를 돌아다니는 일도 삼간다. 무엇보다 스키장의 안전요원의 안내는 반드시 경청하여 따르도록 한다.

스키복은 운동복이다. 스키를 타는 자세로 무릎과 허리를 구부리고 팔을 앞으로 내민 자세에서 편안한 것을 고르는 것이 좋다. 또한 강한 눈보라에 견딜 수 있는 보온성을 고려해서 선택한다.

⑤ 볼링

볼링은 대중적인 스포츠이다. 운동량에 비해 피로가 적지만 무엇보다 정신 집중이 중요하므로 상대의 주의를 흩트리지 않도록 배려하는 것이 가장 기본적인 매너이다.

볼링 경기 시 남의 볼을 사용하는 것은 큰 실례이므로, 항상 자신의 볼을 기억하고 사용해야 한다. 경기규칙상 볼링화를 신지 않으면 경기를 할 수 없으므로 어프로치에 들어갈 때는 반드시 볼링화로 갈아 신는다.

만약 옆 레인에서 자기보다 먼저 투구 자세를 취한 사람이 있을 때는 양보하여 어프로치에 오르지 않도록 하며, 동시에 일어섰을 경우에는 자신의 오른쪽에 있는 사람에게 우선권이 있음을 알아야 한다. 이때 가볍게 목례를 한 후 오른쪽 사람에게 양보한다.

물이나 음료수를 레인 근처에서 마시다가 엎지르면 신발 바닥에 묻어 어프로치를 손상시키고, 다른 사람의 투구에도 지장을 줄 수도 있으므로 주의해야 한다. 대기 장소에서 스윙 연습을 하다가 공이 빠져 다른 사람을 다치게 할 수 있으므로 주의하며 심할 정도로 소리를 질러 옆 사람을 방해하거나, 시합을 벌이는 상대의 단점을 비평하는 것은 경기의 참다운 매너가 아니다. 경기가 끝난 후 볼은 원래의 자리에 갖다 놓는데 이것이 곧 다른 사람을 위한 배려가 된다.

⑥ 탁구

탁구는 그 어느 스포츠보다 매너를 중요시한다. 이는 상대를 두고 아주 가까운 거리에서 시합을 하기 때문에 무의식중에 하는 행동이나 말이 상대의 감정을 상하게 할 수 있기 때문이다.

모든 스포츠에서와 같이 복장을 제대로 갖추어 운동을 한다. 규정된 운동복과 전용 탁구화는 상해를 최대한 줄여 주고 상대에게 불쾌감을 주지 않는다. 상의는 흰색을 입지 않도록 하는데 이는 탁구공과의 색을 구별하기 위해서이다.

탁구를 치기 위해서는 자기의 라켓과 공인구(official ball)를 가지고 다니도록 한다. 시합이나 연습시작 전에는 항상 서로 인사 매너를 갖춘다. 라켓으로 탁구대나 네트를 치지 않도록 주의한다. 탁구 도중 공이 외부로 흘렀을 경우 먼저 주우러 가야 되며 상대가 먼저 주우러 가면 반 정도를 따라가 주는 것이 매너이다.

복식 경기에서는 파트너의 인격을 존중하여 행동한다. 잘할 때 칭찬을 하고 실수를 할 때도 격려를 하는 것이 좋다. 또한 상대의 좋은 공격이나 수비플레이가 나오면 "나이스" 등을 외치며 상대를 격려해 준다. 시합이나 연습이 끝나면 "잘 배웠습니다.", "수고하셨습니다." 등의 인사를 나눈다.

2) 여행 매너

현대사회는 '일' 중심에서 '여가' 중심으로 변화하고 있다. 국내여행에 대한 선호뿐 아니라 관광, 언어연수, 유학, 비즈니스 등 다양한 이유를 배경으로 해외여행의 기회 증가로 여행에 대한 일반적 인식은 단순히 노는 것이 아니라 단조로운 일상생활을 떠나 삶의 의미를 반추해 보고 심신의 활력을 재충전할 수 있는 기회의 하나로 선택하는 일이 많아졌다. 충실한 계획과 함께 준비 또한 면밀히 하여 본인의 내외적 성장은 물론 함께한 사람들도 유익한 여행이 될 수 있도록 하는 문화시민으로서의 자세가 요청된다.

(1) 출입국

여행의 즐거움은 준비 과정에서부터 시작된다. 국내뿐만 아니라 해외로의 여행 기회가 점차 많아지면서 다각적인 준비가 필요하다. 출입국에 요청되는 기본 준비와 절차에 관한 규범과 매너를 살펴보기로 한다.

① 여권

여권은 이를 소지한 여행자에 대하여 국가가 자국민임을 증명하고 여행의 목적을 표시하여 자국민이 해외여행을 하는 동안 편의와 보호에 대한 협조를 받을 수 있도록 하기 위해 발급된다. 즉 여권은 해외여행을 할 때 반드시 필요한 것으로 대한민국 정부가 외국으로 출국하는 사람에 대한 신분을 증명하고 외국에 대해 여행자를 보호하고 구조를 요청하는 일종의 공문서이다. 또한 여권의 용도는 환전, 비자 신청과 발급, 출국 수속과 항공기 탑승, 현지 입국과 귀국 수속, 면세점에서의 상품 구입, 국제운전면허증 취득, 여행자 수표로의 지불 등을 위해서도 사용된다.

최근 사용되고 있는 전자여권(electronic passport)은 비접촉식 IC칩을 내장하여 바이오인식정보(biometric data)와 신원정보를 저장한 여권을 말한다. 바이오인식정보 수록 범위는 얼굴과 양손 검지이며, 신원정보 수록 범위는 기존 여권과 동일하게 성명, 여권번호, 생년월일 등이다. 전자여권 도입은 여권 위·변조 및 여권 도용 억제를 통해 보안성을 극대화하여 해외여행자들의 편의를 증진시키는 데 그 목적이 있다.

② 비자

비자는 외국인에 대한 입국허가서로 입국하고자 하는 정부로부터 출국 전에 받는 것이 원칙이다. 방문 목적에 따라 비자의 종류와 나라별 절차 제출양식이 다르다. 우리나라와 비자면제 협정이 체결된 나라는 방문 목적이 사업상혹은 관광 목적인 경우 발급이 생략된다. 비자는 입국 목적에 따라 업무 비자, 방문 비자, 학생 비자, 이민 비자 등으로 나뉜다.

③ 항공권 예약

여행 일정이 결정되는 대로 바로 항공권 예약을 한다. 예약할 때에는 출발일자, 목적지, 귀국일자, 여권상의 영문이름을 알려 준다. 현지에서의 일정이유동적인 경우 금액이 비싸더라도 오픈티켓(open ticket)으로 하여 돌아올 날짜를 현지에서 정할 수 있도록 하는 것이 좋다. 좌석예약은 출발 72시간 전에재확인 절차를 밟아야 하며, 재확인이 안 되면 좌석이 부족할 경우 항공사 측으로부터 일방적으로 예약을 취소당할 수 있다. 부득이하게 예약취소통보를하지 않을 경우 항공사에 따라 취소용 금액을 청구하는 경우도 있으니 유의하고, 노선을 변경할 경우 항공사나 여행사에 필요한 수속을 밟아 처리한다.

④ 출입국 절차

공항 도착 후 여유롭게 출국수속을 밟으려면 최소한 2시간 전에는 도착해야 한다. 그러나 2008년도 개시된 공항 내 무인 자동출입국 심사서비스(Korea Immigration Smart Service)나 인터넷을 통한 웹 체크인 서비스를 이용하면대기 시간을 줄일 수 있다.

체크인 수속 시 해당 항공사 체크인 카운터에서 여권과 항공권을 제출하고탑승권을 수령한다. 이때 본인이 원하는 좌석을 요구할 수 있다. 기내용 짐(휴대 수화물)을 제외한 큰 수화물(위탁 수화물)은 수화물 보관표를 반드시 부착하여 탁송시킨다. 이때 수화물탁송영수증을 수령해서 보관한다. 만일 파손되기 쉬운 물품은 일반화물과 구분될 수 있도록 취급주의를 요청한다.

수화물의 무료 허용량은 일반적으로 이코노미석은 20㎏, 비즈니스석은 30㎏, 일등석은 40㎏이다. 이를 초과한 짐에 대해서는 특별화물 요금(over charge)을 내야 한다. 탁송하는 화물은 찾을 때의 편의를 위해 개인 표시로 색 리본 혹은 가방벨트를 이용하면 나중에 분별하기 쉽다. 수화물 탁송을 마친 후 여권, 탑승권, 수화물탁송영수증, 출입국 카드를 챙겨 출국장으로 이동한다.

출국수속은 세관 신고→보안 검사→출입국 관리→탑승의 순을 밟게 된다. 세관신고란 고급 시계나 고가의 카메라, 보석, 모피의류 등 값비싼 물품 혹은 1만 불을 초과하는 여행경비를 지니고 나갈 때 세관에 신고하는 절차를 말한다. 보안검사는 항공기의 안전 운항과 승객의 안전을 위해 소지품을 검사하는 것이다. 기내반입 금지 품목을 사전에 잘 확인해야 하며, 목적지 및 상황에 따라 추가검색이 있을 수 있음을 유의한다. 출입국 관리 절차는 여행객이 유효한 여권을 소지하고 도착국가 또는 경유하는 국가에 유효한 입국사증을 소지하고 있는가의 여부를 확인하는 것이다. 출국심사대에 탑승권과 여권을 제시하여 출국확인을 받은 후 통과한다. 출국 심사를 마친 후 운항정보 모니터나 탑승권에 제시된 탑승 게이트로 이동한다. 출발 30분 전까지는 탑승구에 도착하여 탑승을 시작하며, 10분 전에 탑승이 마감되므로 늦지 않도록 해야 한다. 탑승은 안내에 따르되 순서는 비즈니스 클래스, 임산부, 노인, 유아 및 동반자이며, 다음으로 이코노미 클래스 중 뒷좌석부터 탑승한다.

Plus Manner - 기내반입 금지물품

기내반입금지물품(Restrict Items)은 항공기 안전운항 및 여객의 생명과 재산을 보호하기 위해 비행기에 탑승하는 모든 승객이 휴대하는 물품 중 휴대 및 탑재가 금지되는 물품을 말한다.
기내반입금지물품을 휴대 또는 탑재할 경우 해당 물품은 기내반입이 금지되며, 범죄 혐의가 있을 경우에는 경찰에 인계되어 처벌될 수 있다. 반입금지물품은 권총이나 무기류, 화학물질 및 유독성 물질, 폭발물과 인화성 물질 끝이 뾰족한 무기나 날카로운 물체 등이 대표적이다.

입국할 때 검역질문서 및 입국신고서, 세관 휴대품 신고서를 작성한다. 여권과 입국신고서를 제시하여 입국 사열대에 입국 허가를 받아야 한다. 입국 사열대를 통과하면 탁송한 위탁수화물을 지정된 회수대에서 찾도록 한다. 세관검사대에서 여권과 세관 휴대품 신고서를 제시하여 짐을 검사하고, 이를 통과하면 입국수속이 완료된다.

해외공항에서는 포터에게 서비스의 대가로 보통 1달러를 지불하며, 짐이 카트에 가득할 경우 2~3달러 정도를 지불한다.

(2) 교통수단

여행은 어떤 교통수단을 이용하느냐에 따라 여행에 대한 설렘과 정취가 달리 느껴지기도 한다. 여행에서 이용되는 다양한 교통수단 중 비행기, 크루즈, 기차 여행에서 지켜야 할 매너를 살펴보기로 한다.

① 비행기

항공기 객실의 등급은 항공사마다 명칭이 조금씩 다르다. 일반적으로 퍼스트 클래스(first class), 비즈니스 클래스(business class), 이코노미 클래스(economy class)로 나뉘며 각각 제공되는 서비스도 차별화되어 있다. 요금에 있어서도 일률적으로 말하기 어렵지만 비즈니스는 이코노미의 2.5배, 퍼스트는 비즈니스의 1.5배 정도 되는 것이 보통이다. 기내에 탑승하여 비어 있는 자리로 옮기고자 할 경우에는 승무원의 양해를 얻은 후 옮긴다.

무거운 짐은 좌석 밑이나 승무원에게 부탁하여 보관하고, 가벼운 짐은 선반에 넣어 둔다. 이륙이나 착륙을 할 때는 좌석의 등받이를 똑바로 세우고 안전벨트를 하며, 안전벨트 착용사인이 켜 있는 동안은 반드시 안전벨트를 하여야 한다. 또한 비행기가 완전히 멈추고 승무원의 안내가 있기 전에는 자리에 앉아 기다린다. 승무원 호출이 필요할 때는 좌석의 팔걸이 부분에 있는 콜 버튼(call button)을 누르거나. 승무원이 지나갈 때 눈을 맞추며 손을 살짝 들어 부른다.

기내 화장실은 남녀 공용이다. 화장실은 사용 중(Occupied), 비어 있음(Vacant) 표시를 확인한 후 이용하되 노크는 삼간다. 화장실 안에서 흡연을 하면 화재경보 센서가 작동되므로 금연을 하도록 하며, 세면기 이용 후 손을 닦은 종이 타월로 세면기 주변의 물을 깨끗이 닦도록 한다.

기내에서는 신발과 옷은 느슨하게 하는 것이 좋다. 또한 공기가 건조하므로 탈수현상이 되기 쉬우므로 물을 많이 마시도록 한다. 기내의 온도와 습도가 낮아 코감기에 걸리기 쉬우므로 적절한 보온 유지도 필요하다.

기내식이 시작되면 좌석을 바로 하고 테이블을 편다. 기내의 기압차는 고산지대와 비슷한 조건이므로 너무 과식을 하지 않도록 한다. 음료는 주스, 탄산음료, 맥주, 와인, 위스키 등 취향대로 주문할 수 있으나 알코올음료는 가급적 마시지 않는 것이 좋다. 식사를 마치면 식판을 정리한 후 냅킨으로 덮어 통로쪽으로 건넨다.

비행공포증은 항공 여행에 대해 두려움을 느끼는 불안장애이다. 생명의 위협 수준의 불안을 느껴 비행기를 전혀 못 타는 경우, 어쩔 수 없이 타지만 운항 내내 불안 증세를 보이는 경우 등 그 정도는 다양하게 나타난다.

◎ 비행공포증이 의심되면 신경정신과 외래를 방문한다. 의사의 한마디가 상당한 위안이 된다.

◎ 비행 상황에 불안감을 느낀다면 자신보다 훨씬 비행기를 잘 아는 조종사가 모든 것을 돌본다고 믿도록 한다.

◎ 폐쇄공포증이 있다면 비행기에 오르자마자 승무원에게 차가운 물 한 잔을 부탁하며 숨이 막혀 오는 기분을 덜 수 있다. 술은 흥분을 유발해 증세를 악화시키므로 삼간다.

◎ 이코노미석보다 비즈니스석 이상의 객실을 선택하면 넓은 공간이 편안함을 준다.

◎ 시차극복이 힘들면 출발부터 도착지 기준으로 시계를 맞추고 수면시간을 조절한다. 의사의 처방에 따른 수면제를 복용하는 것도 고려해 본다.

◎ 아기가 불편함으로 인해 울면 10초 정도 코를 붙잡고 있는다. 아기가 숨을 쉬려고 힘을 쓰다 보면 귀가 뚫리고 곧 평온을 되찾게 된다.

비행기공포증연구소(www.joyflight.co.kr)

② 크루즈

'떠다니는 리조트'라 불리는 크루즈는 운송 서비스를 제공하는 '선박', 숙박과 음식을 제공하는 '호텔', 위락 시설을 제공하는 '휴양지'의 장점을 두루 갖춘 대형 선박을 타고 세계의 관광지를 순항하는 여행을 말한다. 효율적인 이동시간과 선상에서 즐기는 다양한 만찬을 즐길 수 있다는 장점 때문에 최근 각광을 받고 있다.

크루즈 여행은 노선의 구분 없이 대개 매년 7월과 8월이 성수기이므로 원하는 출발일과 특정선박 그리고 원하는 객실을 정하려면 적어도 6개월 전에 예약을 해야 한다. 여권은 유효기간이 여행개시일로부터 6개월 이상 남아 있어야 승선이 가능하다. 또한 각 기항지의 비자를 첨부하지 못할 경우 승선이 거부되므로 사전에 이를 점검해야 한다.

Plus Manner - 크루즈 여행의 시작

크루즈 여행은 비수기에 선박을 어떻게든 활용해 보자는 아이디어에서 탄생했다. 독일 함부르크 - 아메리카 해운은 겨울철 손님이 없던 미주 왕복 북대서양 노선의 여객선 처리를 고민하다가 1891년 1월 따뜻한 지중해와 아시아를 운항하는 새 여행상품을 개발했다. 여기에 중간 기착지마다 짧은 현지 여행도 가미했다. 아우구스타 빅토리아호라는 첫 크루즈 운항은 대성공이었다. 이후 크루즈 여행은 유행처럼 번졌고 선박 규모도 점차 커졌다. 하지만 일반 여객선으로는 다양한 고객들의 요구를 맞출 수가 없었다. 1900년에는 최초의 크루즈 전용선 프린제신 빅토리아 루이제(Prinzessin Victoria Luise)가 건조됐다. 크루즈 여행은 해운업계의 블루오션이었던 셈이다.

한겨레(2009. 11. 18.)

출발시간 5시간 전부터 승선수속을 하므로 시간을 여유 있게 두고 도착해야 한다. 짐을 부칠 경우 포터에게는 짐당 1달러씩의 팁을 주는 것이 보통이다. 수속 시 보안검색대, 체크인 카운터 순으로 수속을 밟고 다용도의 Sea Pass 카드를 받는다. 여기에는 개인별 신용카드 정보가 입력이 되기 때문에 선내에서 이 카드 한 장이면 어느 곳에서든 결제가 가능하다. Sea Pass 카드는 크루즈에서 빼놓을 수 없는 결제 수단임과 동시에 신분 증명 수단이다. 기항지에서 관광할 경우 배에서 내리거나 다시 탈 때는 물론 마지막으로 하선할 때도 등록과정을 거치기 때문에 이 카드만큼은 주의 깊게 소지해야 한다.

크루즈에 입선한 후 함께할 다른 여행객들과 인사를 나누며, 선상에서의 의무사항인 안전교육(Muster Drill)에 참여하여 화재, 폭풍, 심한 파도 등에 관한 대처 교육을 받는다. 이외 선상에서의 매너는 크루즈가 운송과 호텔의 개념이 합쳐진 것이므로 호텔에서의 매너를 지키는 것이 무난하다.

선상에서 칵테일파티나 격식을 갖춘 정찬 디너는 크루즈 여행의 매력 중 하나이다. 파티에 따라 의상이 정해지므로 초대장의 안내에 따르도록 한다. 특히 선상에서 선장이 주최하는 정찬에 적합한 포멀(Formal)한 정장을 한 벌 정도는 준비해서 가져가야 한다. 남성의 정장은 주간에는 공식 행사에서의 약식예복인 흑색 슈트를 착용하는 것이 무난하며, 야간에는 약식예복인 턱시도를 갖춘다. 여성의 경우는 칵테일드레스나 이브닝드레스를 갖추는데, 칵테일드레스는 주간과 야간 모두 무난하며 야간에는 정식예복인 이브닝드레스가 적당하다. 또한 우리의 한복도 정장차림으로 가능하다.

Plus Manner - 크루즈 여행 시 Tip

◎ **정식 승무원:** 전체 요금의 2.5~4%를 지불한다.

◎ **식당 승무원:** 전체 요금의 2.5~4%를 지불한다.

◎ **방 청소, 바 등의 승무원:** 전체 요금의 5~7.5%를 서비스해 준 인원수로 나누어 주말에 지불한다.

③ 기차

오늘날 국내적으로는 다양한 테마를 중심으로 한 기차여행이 인기를 모으고 있다. 창밖의 풍경을 비교적 편안하게 즐기면서 여행할 수 있는 기차여행에서 지켜야 할 매너와 국외의 유레일패스(Eurailpass)를 이용한 여행 시 유의할 점에 대해 살펴보기로 한다.

예약된 승차날짜와 시간을 반드시 확인하여 출발 시간보다 여유 있게 역에 도착하도록 한다. 객차 호수를 정확히 확인하고, 지정된 좌석에 앉은 후 창문의 블라인드 여닫이 여부와 좌석방향 배치를 함께하는 다른 승객들과 의논하여 조정하도록 한다. 객차 안에서 발생하는 오물은 봉지에 담아 정리하여 주변을 깨끗이 하고, 심한 냄새가 나는 음식물 섭취는 삼간다. 객실 내 늦은 밤 시간에는 다른 여행객들의 취침을 배려하여 이야기 및 오락 등을 삼간다.

유레일패스를 이용한 유럽여행은 유럽의 여러 공항과 주요 철도역 간을 연결하는 열차 편이 운행되는 것이다. 공항 내 지하에 철도역이 있어 편리하고, 유레일패스 소지자의 경우 추가 요금을 지불하지 않고 시내로 바로 이동할 수 있으며 장거리, 국내·국제 고속 열차들도 일부 공항에서 직접 운행되고 있기 때문에 좀 더 효율적으로 여행을 할 수 있다.

여행 전 패스에 여권번호를 기입하고 기차역의 매표소 또는 안내창구에서 승차확인을 받는다. 승차확인은 해당 역에서 스탬프와 여행개시일, 종료일을 받는 것으로 본인이 직접 날짜를 기입해서는 안 된다. 예약 없이 기차를 탑승했을 때는 빈자리라고 하더라도 유리문 옆 상단에 예약표가 끼워져 있는지 확인해야 한다. 승차 후 가는 목적지의 도착시간을 미리 확인하여 짧은 정차 시간에 대비한다. 특히 기차 객실 내 도난사고에 유의하고 중요한 소지품은 몸에 지니며 긴장을 늦추지 말아야 한다.

(3) 숙박시설

호텔은 원래 수도원이 갖는 '병원(Hospital)'의 개념에서 비롯되었다. 중세의 숙박시설은 수도원을 중심으로 발달하였는데, 이 당시의 수도원은 침식 제공은 물론 병을 치료해 주는 병원의 기능도 함께 갖고 있었다. 후에 호텔은 숙박만을 위한 시설로서 독립적으로 분리되어 발달하게 되었다. 여행을 하며 쉽게 만날 수 있는 호텔보다 저렴한 숙박 시설인 'Hostel'과 'Inn'도 호텔의 발달과정에서 나타난 것이다.

① 숙박시설의 유형

○ 비즈니스 호텔(business hotel)

특급호텔보다 저렴한 숙박시설로 룸서비스가 제공되지 않는다. 대부분 철도역이나 지하철역 가까운 곳에 위치하고 있으며, 주로 비즈니스맨들이 출장과 같은 업무에 이용하는 시설이다.

○ 콘도미니엄 리조트(condominium resort)

남부 유럽, 미국 등지에서 시작한 숙박시설로 호텔 이외에 온천장과 레크리에이션 센터 등을 포함하고 있다.

○ 인(inn)

호텔만큼 고급스럽지는 않지만 객실이나 부대시설이 어느 정도는 마련되어 있는 중급의 숙박시설로 주로 시내 중심보다는 약간 외곽에 있다. 부담 없이 숙박하기에 좋다.

○ 펜션(pension)

유럽에서 발생된 숙박시설로 여행객들에게 편안하면서도 가족적인 서비스를 제공한다. 주변에 레스토랑과 음식점이 많은데 조식은 제공되지만 석식은 제공되지 않는 것이 일반적이다.

○ 모텔(motel)

moter와 hotel의 합성어로 승용차 여행자용 숙박시설을 말한다. 예약을 하지 않고도 편리하게 이용할 수 있으며, 주로 도로변에 위치해 있어 이용가능 여부를 'Vacancy'사인 표지로 알 수 있다.

○ 유스 호스텔(youth hostel)

영리를 목적으로 하는 타 숙박권과는 달리 청소년의 건전한 여행을 위하여 저렴한 비용으로 편리하게 숙박하도록 해 주는 일종의 사회복지시설이다.

○ B & B

Bed & Breakfast의 약자이며 보통 잠자리와 아침 식사만을 제공하는 숙박시설로 개인이 직접 경영하는 소규모의 시설이다. 여행객이나 출장 온 비즈니스맨들에게 가족적이고 진솔한 분위기를 느끼게 한다.

② 호텔 이용 매너

○ 예약

호텔 객실 이용을 위한 사전 예약은 기본사항으로 인터넷, 전화, 팩스를 이용하여 할 수 있다. 예약 시 성명, 연락처, 인원수, 도착시간, 객실 유형, 숙박기간, 희망 서비스, 지불방법, 식사 포함 여부, 체크아웃 시간을 정확히 알려 주는 것이 좋다.

만약 현지 도착시간이 예정보다 늦어질 경우 호텔에 먼저 알려야 하며, 사전에 통보가 없이 늦어질 경우 일방적으로 예약을 취소 당할 수 있다. 일정이 변경 및 취소되어 예약을 취소할 경우 가능한 한 빨리 통보를 하여야 하며, 24시간 전에 취소통보를 하지 않을 경우 배상금을 요구받는다.

○ 체크인(Check in)과 체크아웃(Check out)

체크인은 투숙하기 위한 절차를 밟는 것으로 숙박등록 카드를 작성하고 객실 열쇠나 카드를 받아 객실로 안내를 받는다. 체크인 가능 시간은 오후 2시 이후이다. 체크아웃은 퇴실 절차를 밟는 것으로 요금정산과 더불어 객실열쇠나 카드를 반납한다. 체크아웃 시간은 정오 12시 이전이며, 연장을 원하면 미리 프런트에 연락을 취하면 된다.

Plus Manner – 노쇼우(No show)

원래 노쇼우는 비행기를 예약하고 탑승하지 않는 경우를 가리킨다. 호텔에서도 예약하고 난 후 투숙하지 않았을 경우 노쇼우에 해당된다.

호텔 예약 시 미리 알려 준 신용카드에서 투숙비가 공제되는데 이것이 호텔예약의 룰이다. 신용카드의 예약 보증은 예약손님을 위해 밤 12시까지는 예약된 방을 지켜 주는 안전판 역할을 하지만 미리 예약 취소 통보를 하지 않은 경우는 카드에서 그 돈이 빠져나가는 벌금지급 창구도 될 수 있기에 주의해야 한다.

박준형(2006)

○ 객실 사용 매너

호텔에 도착하면 우선 제공받을 수 있는 제반 서비스를 확인하고, 호텔 이용의 기본매너도 숙지해야 한다.

다른 투숙객들과 호텔 종사자들에게 매너를 지키는 것은 무엇보다 중요하다. 객실을 이용할 때 문을 열어 놓고 밤늦게까지 고성방가 혹은 도박을 하는 일, 맨발이나 노출이 심한 상태로 복도로 나가는 일 등은 삼간다. 또한 객실용 슬리퍼를 신고 호텔 내 식당과 로비 등을 활보하지 않도록 하며, 외출할 때 귀중품과 객실열쇠(카드)는 프런트에 맡기도록 한다.

1박 때마다 침대당 1달러 정도의 팁을 베개 위에 올려놓는다. 세탁서비스는 객실에 비치된 laundry bag을 이용하고, 목록표를 작성한 후 종업원에게 전화로 요청한다. 객실 내에서 방해를 받고 싶지 않을 경우 문 안쪽에 걸려 있는 DD(Do not disturd)카드를 객실 밖 문고리에 걸어 두면 된다. 객실 내의 전화사용은 유료로 체크아웃 시 계산되며, 웨이크업 콜(wake up call) 서비스는 프런트에 미리 요청해서 받는다. 참고로 우리가 흔히 모닝콜이라고 하는 것은 틀린 표현이다. 웨이크업 콜이라고 해야 바른 표현이다.

객실 내에서의 취사행위는 삼가며 배수구가 없는 욕실에서 샤워커튼은 욕조 안에 넣어 물이 밖으로 튀지 않게 사용한다. 욕실에 비치된 고무매트는 욕조 안에 까는 것으로 미끄럼 방지책이다. 욕실에 비치된 타월은 용도에 맞게 사용하고 사용한 타월은 욕조 안에 넣고 퇴실한다. 욕실에 비치된 타월이나 객실 내 비품 등을 마음대로 가져가서는 안 된다.

팁 지불에 대한 절대적인 법칙은 없으나, 서비스를 제공받는 시간이 오래 걸릴수록 많이 지급한다. 단, 지나치게 팁을 주지 않는다는 것을 핵심으로 서비스를 받은 부분에 대한 감사의 의미로 지불한다. 팁 역시 매너를 갖추어 전달해야 하는데 지폐를 적당한 크기로 접어 손바닥 밑으로 쥔 뒤 건네며, 감사의 표정을 짓는다.

◎ 도어맨: 발레파킹 이용 시 각각 1달러 정도
◎ 벨맨: 객실 안내 및 짐 운반 시 1달러 정도
◎ 벨캡틴: 짐을 들어 주거나 택시를 잡는 데 도와준 경우 50센트 정도
◎ 룸메이드: 객실 내 침대 1개당 1달러 정도
◎ 룸서비스: 주문한 음식 가져왔을 때 계산서의 15% 정도 (단, 'delivery charge'가 명시되어 있으면 팁을 지불하지 않아도 무방함)
◎ 식당 종업원: 식사를 마친 후 식사비의 10% 정도 (팁을 계산서 밑에 보이지 않게 두는 것이 일반적임. 만약 현금이 없는 경우 결제 시 이를 포함하여 계산함)
◎ 소믈리에: 주문한 술값의 15% 정도
◎ 프런트: 지불하지 않아도 되나 특별한 도움을 받았을 때 5달러 정도

참고문헌

강인호 외(2006). 성공적인 국제매너. 서울: 기문사.

강지영(2008). 강지영의 와인 있는 식탁. 한국경제.

구숙회(2010). 서울시 중년기주부 가정의 추모의례에 대한 사례연구. 성신여자대학교 문화산업대학원 석사학위논문.

국립중앙박물관(2010). 관람안내. http://www.museum.go.kr.

기타가와 가즈로 저, 정태원 역(2000). 예절은 상품이다. 서울: 태동출판사.

김경호(2004). 이미지 메이킹의 개념 정립과 프로그램의 효과성 분석 연구. 명지대학교 대학원 박사학위논문.

김득중(1997). 실천예절개론. 서울: 교문사.

김봉찬(2006). 녹차. 서울: 김영사.

김성회(2009). 하이터치 리더. 서울: 토네이도.

김영수(2008). 기본형 인간으로 변화하기. 서울: 함께.

김영준(2001). 면접매너 실무스쿨. 서울: 대왕사.

김옥희 외(2003). 생활예절. 서울: 양서원.

김원인(2008). 관광학 총론. 서울: 학문사.

김준(2006). 커피. 서울: 김영사.

김태광(2007). 인사, 사람의 마음을 얻는 유쾌한 에너지. 서울: 나무처럼.

김하자(2008). 전환기의 직업윤리. 성신여자대학교출판부.

김현애(2007). 효과적인 프리젠테이션. 서울: 신성출판사.

김혜영·최인려(2008). 비즈니스와 생활예절. 성신여자대학교출판부.

노버트 엘리아스 저, 유희수 역(1995). 매너의 역사. 서울: 신서원.

노사카 레이코 저, 양영철 역(2003). 웃음은 최고의 전략이다. 서울: 북스넷.

니시데 히로커 저, 황선종 역(2009). 비즈니스 매너. 서울: 쌤앤파커스.

다나메이케이스퍼슨 저, 조은경 역(2003). 파워에티켓. 서울: 미래의 창.

래리 바커 저, 윤정숙(2006). 경청의 힘. 서울: 이아소.

리펑·장위빈 저, 박미영 역(2005). 인기(人氣), 인간의 마음을 사로잡는 36가지 법칙. 서울: 고수.

매리 미첼 저, 권도희 역(2002). 이미지 경영. 서울: 아세아미디어.

무라사와 히로토 저, 조성진·조영렬 역(2004). 호감 가는 얼굴은 분명 따로 있다. 서울: 부광.

민정윤(2006). 기업파티 공간연출에 관한 연구. 숙명여자대학교 디자인대학원 석사학위논문.

박기순(1998). 대인커뮤니케이션. 서울: 세영사.

박란희(2009). 목소리 구성요소의 커뮤니케이션 효과에 관한 연구. 계명대학교 대학원 박사논문.

박소연 · 변풍식 · 유은경(2005). 서비스리더십과 커뮤니케이션. 서울: 한올출판사.

박준형(2000). 글로벌비즈니스 에티켓. 서울: 김영사.

박준형(2002). 나는 매일 매너를 입는다. 서울: 한올출판사.

박준형(2006). 글로벌에티켓을 알아야 비즈니스에 성공한다. 서울: 북쏠레.

배미화(2004). 감수성훈련이 대인관계증진 및 의사소통능력향상에 미치는 효과. 동국대학교 대학원 석사학위논문.

보건복지부(2010). 건강길라잡이. http://www.hp.go.kr.

볼프강 쉬벨부쉬 저, 이병련 · 한운석 역(2000). 기호품의 역사. 서울: 한마당.

삼성에버랜드 서비스아카데미(2002). 서비스 BASIC − 서비스실무1.

서다희(2006). 당신의 커리어를 매니지먼트하라. 서울: KTX.

서대원(2007). 글로벌 파워매너. 서울: 중앙books.

손일락(2009). 에티켓을 먹고 매너를 입어라. 서울: 웅진리빙하우스.

스즈키 요시유키 저, 최현숙 역(2003). 칭찬의 기술. 서울: 거름.

아오키 테루 저, 김창남 역(2007). 직장인의 6가지 비즈니스매너. 서울: 더난출판사.

앨런 피즈 · 바바라피즈 저, 서현정 역(2005). 보디랭귀지. 서울: 대교베텔스만.

엄문자 · 류미현(2005). 비즈니스 매너. 건국대학교출판부.

염혜숙(2004). 홍차. 서울: 김영사

예술의 전당(2010). 관람예절. http://www.sac.or.kr/use/manner.

원은진(2005). 대학생의 비즈니스 매너와 공감능력 및 자아존중감의 관계연구. 성신여자대학교 문화산업대학원 석사학위논문.

윤두아(2007). 20∼40대 여성의 대인관계 Ego gram과 이미지 메이킹 − 셀프마케팅의 관계 연구. 숙명여자대학교 대학원 석사학위논문.

이광주(2002). 동과 서의 차이야기. 서울: 한길사.

이규식(2004). 문화는 실크로드다. 서울: 좋은책만들기.

이무영(2004). 예절바른 우리말 호칭. 서울: 여강.

이미정(2005). 20대 여성의 이미지에 따른 메이크업과 의상에 관한 연구. 숙명여자대학교 대학원 석사학위논문.

이삼희(1998). 심성개발 프로그램이 부적응 학생의 자아존중감 및 성취동기 변화에 미치는 효과. 건국대학교 교육대학원 석사학위논문.

이성우(1985). 한국요리문화사. 서울: 교문사.

이수연(2009). 똑똑한 여자보다 매너 좋은 여자. 서울: 위즈덤하우스.

이언영(2008). 면접 이미지 메이킹을 위한 사이버 셀프 패션 코디네이션 시스템의 활용 연구. 이화여자대학교 대학원 박사학위논문.

이영춘(1994). 차례와 제사. 서울: 대원사

이영희 · 박소연 · 박혜윤(2005). 현대인의 생활매너, 서울: 백산출판사.

이윤정(2007). 스타일을 입는다. 서울: 교보문고.

이정우 외(2001). 지구촌 생활매너와 국제매너, 서울: 양서원.

이정우 외(2010). 고품격 현대생활매너. 서울: 양서원.

이정원 외(2009). 매너PLUS. 서울: 교문사.

이정학 외(2006). 현대사회와 매너. 서울: 기문사.

이종기(2009). 이종기 교수의 술이야기. 서울: 다홀미디어.

이종선(2004). 따뜻한 카리스마. 서울: 랜덤하우스중앙.

이창덕(2002). 수업대화분석연구 필요성과 그 과제. 서울: 한국문화사.

인천국제공항(2010). 출입국안내. http://www.airport.or.kr/guide.

임혜경(2006). 생활 속의 매너 ABC. 서울: 새로운 사람들.

임혜경 · 김신연 · 김영경(2003). 매너와 서비스. 서울: 새로운 사람들.

장쓰안(2008). 평상심, 나를 이기는 힘. 서울: 샘터사.

장윤희(2009). 나를 차별화시키는 이미지의 힘. 서울: 원앤원북.

장이술(2002). 상대방 마음을 사로잡는 화술. 서울: 크레파스.

장지인(2000). 선거포스터 사진 유형의 호의도 분석 연구. 경희대학교 대학원 석사학위논문.

전선정 외(2003). 토탈코디네이션. 서울: 청구문화사.

전영우(2004). 언어예절과 인간관계. 서울: 도서출판역락.

정순원(2007). 지금 당장 넥타이를 잘라라. 서울: 무한.

정주영(2000). 서비스예절. 서울: 학문사.

조규천(2001). 얼굴 인식을 위한 인상 특성의 Warping 표현과 판별 연구. 강원대학교 대학원 박사학위논문.

조항범(2009). 말이 인격이다. 서울: 예담.

존T. 몰로이 저, 이진 역(2006). 성공하는 남자의 옷차림. 서울: 황금가지.

주디스 바우먼 저, 김인석 역(2009). 마지막 도넛은 먹지마라. 서울: 꿈엔비즈.

주영하(2005). 그림속의 음식, 음식속의 역사. 서울: 사계절.

차석빈 · 허윤정(2003). 펼치면 매너가 보인다. 서울: 현학사.

차성란(2008). 글로벌 시대의 생활예절. 서울: 시그마프레스.

채용식 · 박재완 · 주영환(2001). 매너학. 서울: 학문사.

최광선(2003). 몸짓을 읽으면 사람이 재미있다. 서울: 일빛.

최기종(2003). 매너 에센스. 서울: 백산출판사.

최기종(2006). 매너지수가 성공을 좌우한다. 서울: 경덕출판사.

최배영(2002). 사회인으로서 준비를 위한 생활예절과 자기표현. 서울: 신광출판사.

최배영 · 박명옥(2004). 테마가 있는 예절이야기. 서울: 새로운 사람들.

최애경(2002). 성공적인 커리어를 위한 인간관계의 이해와 실천. 서울: 무역경영사.

최정화(2000). 매너 나의 경쟁력이다. 조선일보사.

최진영(2003). 한재 이목의 차정신 연구 - 다부를 중심으로 -. 성신여자대학교 문화산업대학원 석사학위논문.

츠노야마 사가에 저, 서은미 역(2001). 녹차문화 홍차문화. 서울: 예문서원.

쿠시니 요시히코 저, 우제열 역(2000). 자신의 몸값을 결정하는 20대가 돼라. 서울: 느낌이 있는 나무.

패기 포스트 · 피터 포스트 저, 노은정 역(2009). 성공하는 자의 비즈니스 에티켓. 서울: 민음인.

피터 드러커 저, 이재규 역(2002). Next Society. 한국경제신문.

Heinz, G. 저, 윤진희 역(2004). 말하기의 정석. 서울: 리더북스.

하세용(2009). 스펙 UP POINT 100. 서울: BG북갤러리.

한경(2004). 첫인상 5초의 법칙. 서울: 위즈덤하우스.

한국의 맛 연구회(2007). 제사와 차례, 서울: 동아일보사.

한국종교민속연구회(2005). 종교와 조상제사. 서울: 민속원.

한국파티문화협회(2003). 내가 만드는 파티. 서울: 가교출판사.

한복진(1999). 우리가 알아야 할 우리음식 백가지. 서울: 현암사.

허은아(2007). 직장매너. 서울: 지식공작소.

홍미나(2008). 커뮤니케이션 유형과 비언어적 커뮤니케이션 요소가 서비스제공자 평가에 미치는 영향. 경기대학교 대학원 박사학위논문.

후쿠다 다케시 저, 이홍재 역(2001). 협상을 주도하는 사람, 협상에 휘말리는 사람. 서울: 청림출판.

최배영

성신여자대학교 문화산업대학원 예절다도학전공 겸임교수(비즈니스와 생활예절)
동덕여자대학교 강사(인간관계와 생활예절)

『생활예절과 자기표현』
『현대인의 茶생활』

한기정

선문대학교 강사(한국의 생활예절과 문화, 다문화의 이해와 글로벌매너)

「조선시대 상·제례를 통해 본 헌다의 고찰」

최진영

성신여자대학교 강사(글로벌문화와 성신리더십)
한국사이버평생교육원 강사(생활예절)

「한재 이목의 茶정신 연구」

Human Relations & Manner

인간관계와 매너의 첫걸음

초판인쇄 | 2011년 3월 15일
초판발행 | 2011년 3월 15일

지 은 이 | 최배영 · 한기정 · 최진영
펴 낸 이 | 채종준
펴 낸 곳 | 한국학술정보㈜
주　　소 | 경기도 파주시 교하읍 문발리 파주출판문화정보산업단지 513-5
전　　화 | 031) 908-3181(대표)
팩　　스 | 031) 908-3189
홈페이지 | http://ebook.kstudy.com
E-mail | 출판사업부 publish@kstudy.com
등　　록 | 제일산-115호(2000. 6. 19)

ISBN　　978-89-268-2034-6 03380 (Paper Book)
　　　　978-89-268-2035-3 08380 (e-Book)

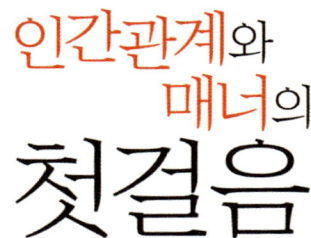 는 한국학술정보(주)의 지식실용서 브랜드입니다.